地势坤，君子以厚德载物。

知道点

中国文化

汪淼———— 著

中国友谊出版公司

图书在版编目（CIP）数据

知道点中国文化/汪淼著. -- 北京：中国友谊出
版公司，2021.6

ISBN 978-7-5057-5188-0

Ⅰ.①知⋯ Ⅱ.①汪⋯ Ⅲ.①中华文化－通俗读物
Ⅳ.①K203-49

中国版本图书馆CIP数据核字（2021）第059753号

书名	知道点中国文化
作者	汪 淼
出版	中国友谊出版公司
发行	中国友谊出版公司
经销	新华书店
印刷	河北鹏润印刷有限公司
规格	880×1230毫米　32开 8.75印张　203千字
版次	2021年8月第1版
印次	2021年8月第1次印刷
书号	ISBN 978-7-5057-5188-0
定价	45.00元
地址	北京市朝阳区西坝河南里17号楼
邮编	100028
电话	（010）64678009

如发现图书质量问题，可联系调换。质量投诉电话：010-82069336

序

余秋雨

这套"知道点"丛书，邀我写序。我对丛书的名称有点好奇，一问，明白了他们的意思，就决定写了。

原来，这套丛书里每一本的标题，都以"知道点"开头，如《知道点中国历史》《知道点中国文化》《知道点世界文化》……落脚点都显得宏大，而着眼点却很谦虚，显出青年作者的俏皮。中外文化是万仞群峰，我们不应该畏其高峻而仓皇躲开，更不应该看了两眼就自以为已经了如指掌。我们所能做的是，恭敬地在山脚下仰视，勤快地在山道口打听，简单说来，也就是：知道点。

首先，不知道是可惜的。区区五尺之躯，不以文化群峰作为背景，只是一种无觉无明、平庸卑琐的生理存在。人凭文化与外界进行不同层次的沟通，并通过文化证明自己是谁，对此，即使文化程度不高的人也有一种荣辱感。记得有一次中央电视台举办全国直播的青年艺术人才大奖赛，比赛中有一项文史知识测试。结果出乎意料，几亿观众对这一部分的关注远远超过比赛的主体项目，全国各省观众对于自己省派出的选手在艺术技能上的落败并不在乎，却无法容忍他们居然答不出那些文史知识的试题。由此可知，直到今天，很多人还是习惯于在文化上寻求自身尊严和群体尊严的，这很不错。

但是，紧接下来的问题是，又必须提防人们对于文史知识的沉溺。沉溺，看似深入，实则是一种以文化名义制造的灭顶之灾。中国从明清之后一直有一批名人以引诱别人沉溺来谋生，很不道德。因此，必须在文化的群峰间标画一些简明的线路，在历史的大海中铺设一些浮标的缆索，使人们既领略山水之胜又不至于沉溺。这种做法用一种通俗用语来表述，就是不必知道得太多、太杂、太碎、太滥，只需"知道点"。

"知道点"，不是降低标准，而是提高标准。这就像线路的设定者一定比一般的逛山者更懂得山，缆索铺设者也一定比一般的游水者更熟识海。不仅更懂、更熟识，而且也更有人道精神，更有文化责任。

正是在这个意义上，我觉得这套"知道点"丛书是一项有价值的事业。新世纪的公民不可能全然舍弃人类以前创造的文化历史背景，却又不能让以前的创造来阻断今天的创造，因此应该有更多的山路划定者和缆索铺设者。只有这样，壮丽的历史文化才能真正成为新世纪的财产。

目 录

第一辑　儒史文字

第二辑　文学歌舞

第三辑　琴棋书画

第四辑　衣食住行

第五辑　军事体育

第六辑 习俗礼仪

第七辑　服饰器物

第八辑　建筑文化

第九辑　神医历法

第一辑

儒史文字

儒学创始人——孔子

在我国文化史上，有一位伟大的思想家、教育家、政治家，备受世人的尊敬与推崇，他就是有"至圣先师"之称的儒家学派创始人——孔子。

孔子名丘，字仲尼，公元前551年出生于山东曲阜。孔子的名字与一座山有关。孔子的父亲名叫叔梁纥，是陬邑县城的大夫。有一种说法是，他与正妻施氏生有九个女儿，却没有儿子。后来，叔梁纥向鲁国颜氏求婚，娶了颜氏最小的女儿颜徵在，两人婚后很久依然没能生出儿子，便一同去了尼丘山祷告。之后，颜徵在才终于顺利怀孕，生下了孔子。夫妇俩为了纪念尼丘山，便给儿子起名为"丘"。

孔子可以说是中国古代教育的奠基人，他为中国古代的教育事业做出了巨大贡献。在孔子之前，教育完全被官府垄断，只有贵族子弟才有接受教育的资格。但孔子改变了这一切，他提倡"有教无类"，开办私人学堂，弟子更是达到了3000人，涵盖了各个阶层。孔子所做的这一切，在中国教育史上具有划时代的意义。在教学方面，他也有着许多重要的经验：教育学生时，他提倡"因材施教"；

▲孔子画像

学习知识时，他主张"温故而知新"；关于学习态度，他认为应当"知之为知之，不知为不知"；关于学习与思考的关系，他认为"学而不思则罔，思而不学则殆"。

在政治方面，孔子主张"为政以德"。他反对苛政，认为用道德礼教治国才是最高尚的治国之道。孔子政治思想的核心内容是"礼"与"仁"，他的最高政治理想是建立"天下为公"的大同社会。孔子提出这些政治主张，主要是为了缓和阶级矛盾，不过也在客观上促进了生产力的发展。

此外，孔子对中国文化还有一大贡献。他整理编订了诸多古代文化典籍，如《诗》《书》《礼》《乐》《易》和《春秋》六经。如今，《乐经》已经失传，其余"五经"保存至今，是我们研究古代历史文化的珍贵资料。

提及孔子，就不能不说到《论语》。《论语》是孔子的弟子和再传弟子记录孔子及其弟子言论的典籍，是我国古代非常著名的儒家经典，历来有"半部《论语》治天下"的说法。

然而，孔子生前在政治方面却不甚如意。直到汉朝，他的思想才逐渐成为封建社会的正统思想。

◀《论语》书影

韩愈华山投书

　　五岳之中，华山以险著称，长达12千米的登山路蜿蜒曲折，四周悬崖峭壁环绕，故而有"自古华山一条道"之说。这里还有一处十分有趣的景点，名为"韩愈投书处"。

　　韩愈，字退之，唐朝杰出的文学家、思想家、哲学家、政治家。他还是"唐宋八大家"之首，唐朝古文运动的领袖。其文章议论严整，规模宏大，被苏轼称赞为"文起八代之衰"，在中国散文发展史上有着非常崇高的地位。

　　韩愈出生于大历三年（768），河南河阳（今河南孟州南）人，因先世曾居昌黎而自称"郡望昌黎"，故而世人也称他为"韩昌黎""昌黎先生"，又因其官至吏部侍郎，因此又称"韩吏部"。

▲ 韩愈画像

　　三岁时，韩愈父母双亡，之后便随堂兄韩会生活。大历十二年（777），因受当时的宰相元载牵连，兄长韩会被贬为韶州刺史，到任不久便病逝了。之后，韩愈跟随寡嫂，将兄长的灵柩带回河阳原籍安葬。当时，中原局势动荡，到处兵荒马乱，韩愈又随寡嫂避居宣州（今安徽宣城）。

▲ 韩愈陵园

　　或许正是因为早年经历的困苦颠沛，韩愈从小就奋发刻苦、好学不倦，并于唐德宗贞元八年（792）考取了进士。

　　韩愈的仕途走得非常坎坷。出任监察御史、中书舍人期间，他因上书奏陈政事、与朝廷议论不合而先后被贬。迁任刑部侍郎之后，韩愈又因谏迎佛骨而被贬为潮州刺史。不久，韩愈又受召回朝，历任国子博士、刑部侍郎等职，在政治上也算颇有作为。

　　那么，韩愈与华山的"韩愈投书处"究竟有何联系呢？这就要说到一则流传至今的趣闻了。

　　韩愈被贬后心中郁结，独自到华山游玩散心。站在山巅之际，望着脚下重峦叠嶂的壮观奇景，心中甚为感慨。然而，风景虽好，险路却难行。下山的时候，因为山路太险，韩愈身软腿颤，被困在了华山上。为了减轻身上的负担，韩愈只得将随身携带的书籍全部丢下山岭，但依旧难以前行。

　　进退两难之际，韩愈不由得想到了自己坎坷的命运，顿时放声大哭，对天哀叹："莫非我韩愈真要葬身于此？"

　　韩愈毕竟是有大智慧的人。短暂的失态之后，他迅速冷静下来，拿出随身携带的笔墨，写了一封求救信，扔下山岭。不久之后，一位采药人捡到了韩愈的求救信，将之交给了华阴县令，韩愈这才获救。

　　此事传开后，韩愈投书求救之地便被人们戏称为"韩退之投书处"。后来，一位名叫赵文备的老人游到此处，想起韩愈这件逸事，大笑不止，后人便又在旁题字："苍龙岭，韩退之大哭辞家，赵文备百岁笑韩处。"

　　清代文学家李柏后来登山到此，对这"一哭一笑"两则逸事心有所感，便作诗云："华之险，岭为要。韩老哭，赵老笑，一哭一笑传二妙。李柏不哭也不笑，独立岭上但长啸。"

白鹿洞书院

在江西省庐山五老峰东南，有一座占地面积近20万平方米、建筑面积达到3800平方米的古建筑，它就是被称为"海内书院第一""天下书院之首"的白鹿洞书院。

白鹿洞书院是我国历史上著名的书院之一，与湖南长沙的岳麓书院、河南登封的嵩阳书院以及河南商丘的应天府书院并称"中国四大书院"。

白鹿洞书院始建于南唐升元年间，自兴建以来，已延续了1000

▲ 白鹿洞书院

余年，是中国古代教育文化的重要发祥地之一。宋代著名理学家朱熹曾在此讲学。

在唐代，白鹿洞书院最初是洛阳人李渤与其兄隐居读书的地方。当时，李渤养了一头白鹿，白鹿总是跟随他出行，因此人们称李渤为"白鹿先生"。该地四面环山，俯瞰仿似洞穴，故而得名"白鹿洞"。后来，李渤成了江州刺史，为纪念在此读书的青春岁月，他在白鹿洞广植花木，修建亭台楼阁，白鹿洞因而名噪一时。

南唐升元四年（940），在此因洞建学院，并置田给诸生，时称"庐山国学"。宋太宗重视书院教育，诏赐《九经》，真宗咸平五年（1002）重修，仁宗皇祐五年（1053）扩建，称"白鹿洞之书堂"。

戴震难师

　　《戴震难师》是清代学者段玉裁写的一篇文章，文中的主角戴震，字东原，又字慎修，是清代著名的汉学大师。

　　戴震10岁时，跟随先生读书，先生告诉他："《大学》这部书记载了孔子的言论，是由孔子的弟子曾子记述的。这其中，有的话是曾子说的，然后由他的弟子记述。"

　　听了这些，戴震感到很不理解，他问先生："凭什么这么说呢？怎么就知道这是孔子说的、曾子记述的？又怎么知道有些是曾子说的、曾子的弟子记述的？"

　　先生回答说："这是朱熹先生说的。"

　　戴震又接着问道："朱熹先生是什么时代的人？"

　　先生答："南宋人。"

　　戴震又问："那么，孔子和曾子又是什么时代的人？"

　　先生答："春秋末期。"

　　戴震继续追问："那么，春秋末与南宋中间，相隔了多少年呢？"

▲ 戴震画像

先生答:"1700多年吧。"

戴震更加不理解了:"既然相隔了1700多年,朱熹是怎么知道《大学》这部书记述的是孔子和曾子的话呢?"

先生无言以对。

四书五经是古代学生必读的经典。四书五经,其实就是"四书"与"五经"的合称。"四书"之名始于宋朝,指的是《大学》《中庸》《论语》《孟子》;"五经"之名则始于汉武帝,指的是《诗》《书》《礼》《易》《春秋》。

现代学者研究认为,《大学》一书,除了"经"一章是曾子述孔子语,其余的则是曾子弟子记述的曾子言论。也就是说,朱熹的说法确实是对的。但戴震善于思考、不懂就问,体现出一种求学精神。

汉字起源

使用文字是人类文明史的一大进步。汉字是世界上使用时间最长、使用范围最广、使用人数最多的文字之一。

关于汉字的起源，众说纷纭，莫衷一是。其中最广为人知的，莫过于"仓颉造字"一说。

古文献提到仓颉与沮诵同时创造汉字（《世本·作篇》），可视为上古搜集、整理汉字的代表人物。

许慎的《说文解字》也提到，最初，伏羲作八卦，启发人们用不同的符号表示不同的事物；神农氏时代，人们用"结绳"记录部落中发生的大事小事。但后来需要记录的东西实在太过繁复，无论是符号还是"结绳"都不能满足。于是，到了黄帝时代，仓颉便顺应历史潮流，创造出了文字。"依类象形"谓之文，"形声相益"谓之字。在汉字长期的演进和发展中，后人总结了构成汉字的六种方法，即"指事、象形、形声、会意、转注、假借"，称为"六书"。这也是最早关于汉字构造的系统理论。

还有一些古书提到，星象的圆曲变化，山川河流的形态，甚至鸟羽、掌纹，等等，都是仓颉创造文字的灵感。

对于这一说法，鲁迅先生在《门外文谈》中做了阐述："我们听惯了一件东西，总是古时候一位圣贤所造的故事，对于文字，也当然要有这质问。但立刻就有忘记了来源的答话：字是仓颉造的。

▲ 仓颉画像

"这是一般学者的主张，他自然有他的出典。我还见过一幅这位仓颉的画像，是生着四只眼睛的老头陀。可见要造文字，相貌先得出奇，我们这种只有两只眼睛的人，是不但本领不够，连相貌也不配的。"

清末民初，还有人提出了一种十分有趣的说法：汉字是孔子创造的。但甲骨文的发现很快就粉碎了这一说法，同时也动摇了《说文解字》有关文字起源的种种传说，就连"六书"理论也遭到了各种质疑。

事实上，世界上所有的国家中，唯有中国的文化传承没有断层，也唯有汉字的演变是从古至今都未曾间断的。而汉字的基础就是"象形"，这是广大劳动人民的智慧结晶，并非某个人的功绩。

历代汉字知多少

汉字不仅是人们日常交流和书写的工具，同时也是我国传统文化的瑰宝。5000 多年来，汉字一直处于不断的发展与演化之中，时至今日，汉字的总数已经非常庞大了。那么，中国究竟有多少汉字呢？

商朝：据统计，目前发现的甲骨文有 4500 字左右。

汉朝：扬雄的《训纂篇》一共收录 2040 个字；许慎的《说文解字》一共收录 9353 个字，这也是中国最早的一部字典。

三国：张揖的《广雅》一书则收录 18150 个字。

梁朝：顾野王的《大广益会玉篇》一书共收录 16917 个字，几乎涵盖了当时所有的汉字。

唐朝：孙强增字本《玉篇》收录汉字扩充到 22561 个字。

宋朝：陈彭年等奉诏重修的《广韵》一书共收录 26400 个字；王洙、司马光等人编写的《类篇》一书共收录 31000 余字。

明朝：张自列的《正字通》一书共收录 33000 余字。

清朝：张玉书等编纂的《康熙字典》共收录 47035 个汉字。

当代：欧阳溥存等编纂的《中华大字典》共收录了 48000 多个汉字；日本诸桥辙次编撰的《大汉和辞典》共收录了 49964 个字；张其昀主编的《中文大辞典》共收录了 49888 个汉字；徐中舒主编的《汉语大字典》（第一版）共收录了 54678 个字，第二版收字超过 60000

字；冷玉龙等编撰的《中华字海》收录字数更是多达85568个字，是目前收录汉字最多的大型字书。

甲骨文的前世今生

甲骨文是我国目前已知最早的成熟文字,是汉字的早期形式。甲骨文又称为"契文""龟甲文字"或殷墟文字,最早出土于河南省安阳市殷墟。

甲骨文是刻写在龟甲和兽骨上的文字,它的名称也由此而来。商朝后期,商王将甲骨文用于占卜和记事。严格地来说,这些卜辞和记事文字并不是历史记载,但因其内容丰富、数量众多,遂成为学者们研究古代文字和历史的重要史料。

那么,甲骨文是如何拨云见日、为人所知的呢?这就要追溯到清朝末年了。

众所周知,商王朝的都城就在今天的河南省安阳市。当初,商王朝被西周攻灭之后,那里便成了一片废墟,直到明朝才开始有人在废墟之上耕作。到了清朝,人口增加,需要扩大耕地面积,这片废墟也被"开发"成了耕地。在耕作过程中,不少农民从地里刨出了骨头碎片。他们认为,这些骨头碎片是一味名为"龙骨"的中药,便将其卖给了中药铺。

光绪二十五年(1899),时任国子监祭酒的王懿荣害疟疾去药铺买药,他正好需要"龙骨"这味药材。王懿荣是一个非常有学问的人,当他看到自己买的"龙骨"上刻有许多符号时,敏锐地意识到,这很可能是古时候的文字。于是,王懿荣把中药铺里所有的"龙骨"

都买了下来。当他得知这些"龙骨"是从商都遗址废墟里挖出来的之后，更加肯定了自己的猜测。他于是开始收集这种刻有符号文字的"龙骨"。

王懿荣去世之后，他所收集的"龙骨"散落各处，其中有一部分卖给了一个名叫刘鹗的人。刘鹗也是一位非常有名的晚清学者，他有一部十分著名的作品——《老残游记》。

得到这些碎片之后，刘鹗非常重视，并于1903年写了《铁云藏龟》，这是我国有关甲骨文的第一部著录。次年，另一位著名的学者孙诒让根据刘鹗的《铁云藏龟》，撰写了《契文举例》，这是我国历史上第一部研究甲骨文的专著。

自那之后，甲骨文作为一种亟待研究的文字，越来越受到学者们的重视，甲骨的发掘、收购工作也基本上没有间断。

1936年，第13次发掘殷墟时，学者们从YH127坑得到了17000余片甲骨，其中300余片甲骨是完整的，堪称自甲骨文发现以来的最大收获。1973年，发掘小屯南地时，又得到5000余片甲骨；1977年，发掘陕西岐山凤雏村时，又出土了17000余片西周时期的甲骨。

自王懿荣首先发现甲骨，已经过去了100多年，我国学者们在甲骨文的考释、著录以及研究方面都取得了重大的突破。2017年11月24日，甲骨文顺利通过联

▲ 甲骨文

合国教科文组织"世界记忆工程"国际咨询委员会的评审，正式入选《世界记忆名录》。

龟甲上的文字

众所周知，甲骨文是商代人用青铜刀刻在龟甲和兽骨上的文字。

那么，商代的人为什么要将文字刻在龟甲和兽骨上呢？这些文字又有什么用途？

其实，人们这么做主要是为了占卜。古时候，占卜之风盛行，不论做什么事情，人们都习惯事先卜问一下吉凶，预测一下结果。比如战争的胜负、疾病的轻重、庄稼的收成、打猎的收获，甚至是天气的变化、新生儿的性别，等等。尤其是大贵族、奴隶主，他们做任何决策之前都要向鬼神问吉凶，然后再决定行止。

那时候的占卜方法，就是先在甲骨上凿出小槽或者钻个孔，然后将甲骨放入火中烘烤。这样，甲骨被凿出小槽或钻过孔的地方就会出现一些形状各异的裂纹，人们可以根据裂纹的不同形状来判断结果的吉凶。之后，人们会将占卜的结果刻在甲骨上，等到事情应验，又将应验的情况也刻在甲骨上，这就是甲骨文的来源。

从造字方法来看，甲骨文不仅包含象形字，还有不少会意字、假借字和形声字等。可以说，甲骨文是我国已知最早的比较成熟的文字。而且，中国的书法艺术也可以说是发轫于甲骨文时代，因为甲骨文已经具备了书法的三要素：笔画、间架和章法。

目前，我国学者发现的甲骨文字已经有4500个左右，其中近一半的文字已经被历史学家和古文字学家考释出了含义。

司马迁与《史记》

中国是世界"四大文明古国"之一，不仅有着悠久绵长的历史，还有着令人骄傲的灿烂文明。而在漫长的历史中，中华文明得以延续，最大的"功臣"莫过于先贤们遗留的数目庞大的古书。

我国的古书浩如烟海，史书在其中所占的比重相当大。一提及史书，人们必然会第一时间就想到司马迁的《史记》。

《史记》最初称为《太史公书》，是我国历史上第一部纪传体通史。作为"正史"的"二十四史"也采用纪传体这一写作手法。

所谓纪传体，指的就是以为人物立传记的方式记叙史实的史书体裁。这是司马迁在总结归纳前人经验的基础上，创造的一种比较全面且实用的史书编纂格式。

以《史记》为例，全书主要分为五个部分：本纪、世家、列传、表、书。

"本纪"是帝王传记，按时间顺序记载帝王生平的重大事件和政绩言行，是全书的第一部分。

"世家"是诸侯传记，主要记述子孙世袭的王侯封国历史以及一些比较重要的人物事迹。

"列传"是帝王、诸侯以外的其他重要人物的传记。无论是哪一本纪传体史书，"列传"的篇幅都是最长的。

"表"主要是以表格的形式简列人物和事件。

"书"主要记述制度的发展，内容十分广泛，涉及礼乐制度、社会经济、天文兵律、河渠地理等方方面面，每一篇"书"都犹如一部专史。

《史记》在中国文学史上有着非常崇高的地位，曾被鲁迅先生赞誉为"史家之绝唱，无韵之《离骚》"。

《史记》取材广泛，记事翔实，内容丰富。作者司马迁修史态度严肃认真，因而《史记》具有很高的历史价值和文学价值，是"二十四史"之首。从传说的黄帝时代，一直到汉武帝太初元年（前104），《史记》叙述了中国3000年左右的历史。

众所周知，《史记》的作者是西汉史学家、文学家司马迁。司马迁（约前145或前135—？），字子长。其父司马谈曾任太史令一职，负责管理皇家图书、收集史料和研究天文历法。

司马谈非常重视对司马迁的教育。司马迁10岁时就在父亲的指导下习读《尚书》《左传》《国语》等书。后来，他又先后跟随大学者董仲舒、孔安国学习《公羊春秋》和《古文尚书》。

汉武帝元朔三年（前126），司马迁刚满19岁，他听从司马谈的指示，开始游历天下，搜集旧闻古事、遗闻传说。这段经历让司马迁开阔了胸襟、增长了见识，并为之后编纂《史记》打下了良好的基础。

后来，司马谈去世，司马迁承袭父职，做了太史令。他知道，父亲最大的愿望就是编写一部通史。只可惜，这个愿望还未实现，父亲就去世了。弥留之际，司马谈嘱咐司马迁，一定要继承他的遗志，完成这项未竟的事业。因此，司马迁一生都在为实现这一目标而努力。

成为太史令之后，司马迁得以阅读大量的皇家图书、珍贵文献和国家档案，而这些都成为他日后编写《史记》的重要资料来源。汉武帝太初元年（前104），司马迁开始着手编写《史记》。

汉武帝天汉二年（前99），大将军李陵兵败投降匈奴。消息传回朝中，汉武帝大怒，满朝文武愤愤声讨李陵，唯有司马迁站出来为李陵说话，认为李陵兵败是因为寡不敌众、缺乏救兵，责任不全在他一人。司马迁因此事而被汉武帝迁怒，他锒铛入狱并遭受腐刑。

肉体的伤残和精神的耻辱都没有击垮司马迁。在坚忍与屈辱之中，他更加发愤，努力完成"太史公"的使命。征和二年（前91），司马迁终于完成了《史记》的创作。全书130篇，包括本纪12篇，表10篇，书8篇，世家30篇，列传70篇，共52万余字。

可悲的是，直到朝政清明的汉宣帝年间，他的外孙杨恽才终于将这部不朽名著公之于世，此时司马迁已经去世多年。

范晔与《后汉书》

唐朝时期,《后汉书》与《史记》《汉书》并称"三史"。《后汉书》全书共120卷,从刘秀起兵推翻王莽政权起,到汉献帝禅位于曹丕为止,记述了东汉195年的历史。

《后汉书》的作者是南朝宋人范晔。《后汉书》问世之前,已经有10余部有关东汉历史的重要著作流传于世。范晔博采众书之长,删繁补缺,完成了这部堪称超越众家的史书。

范晔,字蔚宗,顺阳人,出身士族大家,祖父范宁和父亲范泰都是东晋非常有学问的大官。因为家学渊源颇深,所以范晔不免有些自视甚高,不管做学问还是当官都不甘居于人后。

范晔写文章讲求经世致用,反对形式主义,这些在《后汉书》中都有体现。正因为如此,《后汉书》才能后来居上。

范晔虽然才华横溢,但却孤傲疏狂。元嘉初年,彭城太妃治丧期间,范晔却饮酒作乐,得罪了彭城王刘义康,被贬为宣城太守。此后,范晔一直郁郁不得志,便将所有心力都投入修史事业之中,以此来寄托志向,《后汉书》便是这个时期的产物。

范晔用13年的时间完成了本纪、列传的写作,并与谢俨一同完成了《礼乐志》《舆服志》《五行志》《天文志》《州郡志》五志。

元嘉二十二年(445),有人举报范晔,说他参与了彭城王刘义康阴谋篡位的事件。范晔因此下狱身死。谢俨为明哲保身,便将手

中的书稿尽数毁去。从此，五志失传，《后汉书》只有纪传部分得以
流传。

邓通与"邓氏钱"

《汉书》中有这样一句话:"邓氏钱布天下,其富如此。"这里所说的"邓氏钱",又称"邓通半两",指的是汉文帝时期一个名叫邓通的人所铸造的钱币。

看到这里,或许有些读者会觉得很奇怪,汉代时候,私人可以铸造钱币吗?其实,汉朝初年,朝廷中央集权程度不高,诸侯在自己的封地内有很大的权力,其中就包括钱币铸造权。后来,朝廷加强了集权,钱币铸造权才被中央朝廷牢牢地把控住。

再说回邓通。

邓通是西汉文帝的嬖臣,擅长拍马屁,很得汉文帝的宠爱。有一回,汉文帝让相士许负给邓通看相。许负断言说,邓通以后会陷入贫困,最终饿死。汉文帝听到之后很不高兴,说道:"邓通的富贵皆在于朕,朕想让他富有,有何难哉?"

说完,汉文帝当即下了一道诏书,允许邓通自己铸造钱币,并将蜀郡严道县的铜山赏赐给他。从此,邓通富可敌国,而他所铸造的钱币品质也十分优良,光泽亮、分量足、质地纯、厚薄匀,"邓氏钱"就此闻名天下。

有一次,汉文帝生了毒疮,流脓不止,疼痛难耐。邓通感念汉文帝对自己的宠爱,亲口为文帝吮吸脓毒,汉文帝大为感动。后来太子前来探病,汉文帝想让太子帮自己吸脓,结果太子恶心得呕吐了起来，汉文帝为此很不高兴。因为此事，太子对邓通怀恨在心。

几年后，汉文帝驾崩，太子即位，他一登基就革去了邓通的职务，并没收了他的全部家产。最终，邓通果然如相士许负所言，寄食人家，穷困而死。

第二辑

文学歌舞

先秦的"文化下移"现象

《列子·汤问》中有这样一个故事：

薛谭是著名声乐大家秦青的学生。跟随秦青学习一段时间之后，薛谭觉得自己已经学会了很多东西，于是便向老师辞行回家。秦青答应了薛谭的请辞，并在郊外设宴为他饯行。在宴会上，秦青"抚节悲歌"，天边的流云都好像听得如痴如醉，不忍离去。

秦青的歌声让薛谭甚为震撼，他这才意识到，自己的本事远不及老师，于是他惭愧地向老师道歉，也不再提回家的事情了。

《列子·汤问》中还有另一个非常著名的故事，故事的主人公叫作韩娥，是韩国的一个卖唱姑娘，最擅长唱情歌。韩娥的歌声究竟有多美呢？据说有一回，韩娥在齐国都城临淄卖唱，歌声美妙无比。她唱完一曲便离开了，听众却觉得"余音绕梁，三日不绝"。还有一回，韩娥在一家旅店被人欺侮，心中难受，便哀伤地唱起歌来，周围听到她歌声的老幼妇孺都悲声痛哭，不能自已，甚至有人听过她唱歌之后，太过悲伤，三天吃不下饭。

秦青和韩娥都是古代著名的民间音乐家。先秦时期，普通百姓很少有机会接触"乐"，这是专属于贵族阶层的东西。春秋战国之际，随着周王室的没落，礼乐制度也逐渐土崩瓦解。由于原来的文化人员下移到普通百姓之中，导致了"文化下移"现象的发生，一个新的阶层也由此形成，即"士族"。

　　像这样，原本属于上层的文化（如音乐）下移到民间，就是我们所说的"文化下移"现象。孔子曾开展的有教无类活动，实际上也是"文化下移"的一种。

桃花源里可耕田

东晋大诗人陶渊明曾写过一千古名篇，名为《桃花源记》，文曰：

晋太元中，武陵人捕鱼为业。缘溪行，忘路之远近。忽逢桃花林，夹岸数百步，中无杂树，芳草鲜美，落英缤纷。渔人甚异之。复前行，欲穷其林。

林尽水源，便得一山。山有小口，仿佛若有光。便舍船，从口入。初极狭，才通人。复行数十步，豁然开朗。土地平旷，屋舍俨然。有良田、美池、桑竹之属。阡陌交通，鸡犬相闻。其中往来种作，男女衣着，悉如外人。黄发垂髫，并怡然自乐。

见渔人，乃大惊，问所从来；具答之。便要还家，设酒杀鸡作食。村中闻有此人，咸来问讯。自云先世避秦时乱，率妻子邑人来此绝境，不复出焉，遂与外人间隔。问今是何世，乃不知有汉，无论魏晋。此人一一为具言所闻，皆叹惋。余人各复延至其家，皆出酒食。停数日，辞去。此中人语云："不足为外人道也。"

▲ 陶渊明画像

既出，得其船，便扶向路，处处志

之。及郡下，诣太守，说如此。太守即遣人随其往，寻向所志，遂迷，不复得路。

南阳刘子骥，高尚士也，闻之，欣然规往。未果，寻病终。后遂无问津者。

陶渊明约在419—421年创作了《桃花源记》，那是一个动荡不安的时代。一方面，政治矛盾尖锐，百姓流离失所，农民起义如火如荼；另一方面，统治阶级内部忙着争权夺利，千里河山却一片残破景象。此时的陶渊明至少归隐田园13年了，《桃花源记》中描写的种种，都是他在田园生活中的所思所想。

1959年7月1日，毛泽东一时之间诗兴大发，挥笔写下了一首诗，诗曰：

一山飞峙大江边，跃上葱茏四百旋。

冷眼向洋看世界，热风吹雨洒江天。

云横九派浮黄鹤，浪下三吴起白烟。

陶令不知何处去，桃花源里可耕田？

这首诗就是有名的《七律·登庐山》，诗中还引用了桃花源的典故。

隋唐大曲

隋唐大曲，也称隋唐歌舞大曲或燕乐大曲，是一种融合器乐、声乐和舞蹈的大型艺术表演形式。无论是形式还是规模，隋唐大曲都比之前的"清商大曲"要更加成熟、复杂。

除了本土特有的音乐表演形式之外，隋唐大曲还进一步吸收了外来的音调和新型艺术形式，丰富并发展了"清商大曲"的曲式，规模更加庞大，结构更加复杂，音乐表达更富于变化，乐器组合更为多样化。隋唐大曲代表了我国当时歌舞音乐发展的最高水平。

隋唐大曲的结构比较复杂，著名音乐学家杨荫浏先生将唐代歌舞大曲的结构大致划分为三个部分，即乐（散序）、歌（中序、拍序或歌头）、舞（破或舞遍）。唐大曲主要包含了三种不同风格流派的大型歌舞音乐，即"清商大曲""龟兹大曲"和"西凉大曲"，在隋唐宫廷宴乐中占有重要地位。

唐大曲中，比较著名的曲目有《浑脱》《剑器》《破阵乐》《绿腰》（《六么》）《乐世》《凉州》《薄媚》《雨霖铃》《霓裳羽衣曲》《玉树后庭花》等。令人遗憾的是，这些曲子的曲谱几乎都未流传下来。只有《破阵乐》一曲，因在武则天时期被日本遣唐使粟田真人带回日本，故而该乐曲的九种遗谱得以保存至今。

亦仙亦幻的《霓裳羽衣曲》

　　说起唐朝时期的歌舞大曲，人们首先想到的，必然是充满传奇色彩的《霓裳羽衣曲》。事实上，它也的确称得上唐朝最著名的大曲作品。时至今日，它也仍无愧为中国音乐舞蹈史上一颗璀璨的明珠。

　　《霓裳羽衣曲》的作曲人是唐玄宗，该曲在开元、天宝年间盛极一时。"安史之乱"爆发后，宫中再未演出此曲，曲谱就此失传。

　　关于《霓裳羽衣曲》的来历，历史上有三种说法：

　　第一种说法出自《杨太真外传》，唐玄宗登三乡驿，眺望女几山（传说中的仙山）时有感而发所作。对此，刘禹锡有诗云：

> 开元天子万事足，
> 唯惜当时光景促，
> 三乡陌上望仙山，
> 归作《霓裳羽衣曲》。

　　第二种说法则源于《唐会要》，记录了《霓裳羽衣曲》是唐玄宗在印度佛曲《婆罗门曲》的基础上改编创作而成。

　　第三种说法其实是将前两种说法综合了起来，认为唐玄宗在眺望女几山时产生灵感，创作了《霓裳羽衣曲》的前半部分（散序），后两部分（歌和舞）则是他根据河西节度使杨敬述进献的印度《婆罗门曲》改编创作的。

相思红豆

如果说在现代玫瑰是爱情的象征，那么在古时候红豆便是相思的寄托了。

红豆，又名"相思子"，可以长久储存而不蛀、不坏、不变色，故而人们也称其为"假宝石"。红豆寓意"相思"，历来被青年男女当作爱情信物，同时也被无数文人在诗词中用于寄托怀恋和思念。比如唐代著名诗人王维就曾作《相思》一诗：

> 红豆生南国，
>
> 春来发几枝？
>
> 愿君多采撷，
>
> 此物最相思。

红豆究竟是如何与"相思"扯上关系的呢？

相传在南北朝萧梁时期，昭明太子萧统曾组织文人编《文选》。有一次，他思绪杂乱，难以成句，便决定放下工作，外出散心。

就在这次散步时，萧统结识了一名叫慧如的尼姑。萧统笃信佛教，慧如又精通佛法，两人一结识便相互引为知己，常常一起谈论佛法。渐渐地，萧统与慧如之间情愫暗生，然而，由于门第的差距和慧如的特殊身份，这段感情注定不会有任何结果。

后来，慧如郁郁而终，萧统得知消息后悲痛不已，含泪将慧如赠予他的红豆种在了他们相识的地方，并将慧如居住的草庵命名为"红豆庵"。

这便是红豆寓意"相思"的来历。据说当年萧统太子亲手种下的红豆树，在历经千年时光的洗礼后，如今依然生长在江阴顾山。

"安史之乱"中的琵琶圣手

唐玄宗时期，有一位非常著名的宫廷乐师——雷海青。他擅弹琵琶，深得玄宗器重。

"安史之乱"爆发后，唐玄宗随大军出走四川。安禄山攻入长安，俘虏了宫中数百梨园弟子，其中就有雷海青。

占领长安后，安禄山非常开心，在西内苑重天门北凝碧池大摆宴席庆贺，并命令被俘的梨园弟子表演助兴。雷海青不愿臣服于叛军，便直接称病不去。安禄山大怒，命人将雷海青强押过来。

宴会上，这些梨园弟子想到自己的境况，不免悲从中来，相对而泣。听到哭声，安禄山怒了，大声斥道："再有泪者当斩！"

雷海青性烈如火，况且他本就对叛军不满，他不仅没被安禄山的话吓到，反而举起手中琵琶，用力摔在地上，然后故意放声大哭。安禄山大怒，直接下令，让手下军士把雷海青押到戏马殿前，当众凌迟处死！

"安史之乱"结束后，唐肃宗敕封了在"安史之乱"中遇难的大臣，这其中就有雷海青。后来，著名诗人王维听闻雷海青的事迹，有感而发，写下一首诗——《凝碧池》来纪念他。诗曰：

万户伤心生野烟，

百僚何日再朝天。

秋槐叶落空宫里，

凝碧池头奏管弦。

▲ 琵琶

梨园旧雨李龟年

杜甫曾写过一首诗，名为《江南逢李龟年》：

> 岐王宅里寻常见，
> 崔九堂前几度闻。
> 正是江南好风景，
> 落花时节又逢君。

李龟年是唐玄宗时期非常有名的一位音乐家。

众所周知，唐玄宗喜爱音律，他在这方面也颇有天赋。玄宗曾在宫廷中养了大批艺人乐工，李龟年就是其中之一。

李龟年歌唱得非常好，还擅长吹奏觱篥、羯鼓。李龟年在作曲方面也有很高的造诣。他还有两个弟弟，一个叫李彭年，另一个叫李鹤年，文艺天赋都十分出众。李彭年擅长舞蹈，李鹤年擅长歌唱。兄弟三人曾共同创作了一首乐曲，名为《渭川曲》，深受唐玄宗的喜爱。

由于唐玄宗喜好音律，上行下效，当时的王公大臣也沉迷此道。所以，李龟年三兄弟常常受邀前去表演弹唱，每次都能得到丰厚的赏赐，身家十分丰厚。

"安史之乱"爆发后，李龟年辗转流落到江南。每每想起从前，他便会演唱几曲，歌声哀婉动听，令人泫然欲泣。那时候，恰巧杜甫也流落到江南，一次偶然的机会，杜甫听到李龟年的歌声，回想盛唐时的繁华，竟已如过眼云烟，不由得感慨万千，这首《江南逢李龟年》就是杜甫在那时写下的。

后来，李龟年辗转到了湖南湘潭，在湘中采访使举办的宴会上，他唱了一首王维的《相思》，歌声哀婉凄凉，听者皆潸然泪下。随后，李龟年又唱了一首王维的《伊州歌》：

> 清风明月苦相思，
>
> 荡子从戎十载余。
>
> 征人去日殷勤嘱，
>
> 归雁来时数附书。

李龟年一边唱着，一边回想当年自己在宫中为唐玄宗表演歌唱的情景。对李龟年来说，唐玄宗于他有知遇之恩，二人的感情远非常人所能及。然而如今，玄宗已是风烛残年，李龟年也垂垂老矣，此生怕是再也没有相见的机会。

一曲唱毕，李龟年心中大恸，忽然就昏死过去，只有耳朵尚存些许温热。众人以为李龟年死了，但他的老妻坚持不肯殡殓他，守了四天，李龟年才悠悠转醒。正如李龟年所料，他与玄宗此生未能再见一面，最后郁郁而终。

白居易与长安米贵

赋得古原草送别

离离原上草，一岁一枯荣。

野火烧不尽，春风吹又生。

远芳侵古道，晴翠接荒城。

又送王孙去，萋萋满别情。

这首诗大家都很熟悉，每个人在学生时代都背诵过它。但你是否知道，这首诗是大诗人白居易16岁初到长安时的"敲门砖"。

白居易（772—846），字乐天，晚年号香山居士。早年家境贫困，颇历艰辛。他自幼聪慧过人，读书又十分刻苦，因为过于用功，年纪轻轻头发就白了。

16岁的时候，白居易从河南来到长安应试。那时候，长安有一位非常著名的诗人叫顾况，许多文人去拜访他，有人向他请教诗文，也有人想借他扬名。白居易听说之后，便带上自己写的诗去拜见顾况，想得到他的指点。

然而，顾况却认为，像这种急于扬名的少年，自己见得多了，他们大多是骄傲自负、名不副实之人。于是，顾况一边随意翻看白居易带来的诗稿，一边问道："你叫什么名字？"

白居易礼貌地回答："我叫白居易。"

▲ 白居易画像

顾况不由一笑，讽刺道："长安米贵，白居恐不易，我看你还是别糟蹋父母的血汗钱，赶紧打道回府吧！"

话音刚落，顾况一低头就看到了白居易诗稿上的这首诗——《赋得古原草送别》。他顿时两眼发光，激动地拍着手，对白居易大加赞赏："好！好！小小年纪就能有这般才华，想在这长安居住下去，不难，不难啊！"

得到顾况的赏识后，白居易很快就在长安出了名。几年后，他考取进士，授校书郎。元和元年（806），登制举，因出言真切，仅授盩厔尉。后充翰林学士，拜左拾遗。白居易文采斐然，为人正直。但可惜的是，他所处的时代，朝政已经十分混乱，像他这样秉性正直的人很难有所作为。

虽然仕途不算顺利，但白居易在诗歌方面却取得了非常大的成就，世人将他与李白、杜甫合称为"唐代三大诗人"。

晚年，白居易官至太子少傅，谥号"文"，世称白傅、白文公。武宗会昌六年（846），白居易卒于洛阳，享年七十四岁。

《长恨歌》与《琵琶行》

在白居易的作品中，最为杰出的莫过于叙事长诗《长恨歌》和《琵琶行》。

《长恨歌》是白居易根据民间流传的唐玄宗与杨贵妃的故事，辅以艺术性虚构和想象，创作而成的。

这首诗开头的"汉皇重色思倾国""从此君王不早朝"等句，体现了白居易对唐玄宗耽于美色的指责与批评。诗中的虚构与想象更是从九天之上写到黄泉之下，文辞之绝妙、形象之生动，令人拍案叫绝。最后，诗人笔锋一转："在天愿作比翼鸟，在地愿为连理枝。天长地久有时尽，此恨绵绵无绝期。"此句饱含深情，写得九曲回肠，令人动容。

可以说，《长恨歌》不仅叙述了一个精彩曲折的故事，而且带给人们极高的艺术享受，蕴含着丰沛复杂的感情，极具感染力。同时，诗句又隐含着诗人对当权者未能恪守礼仪立身处世的犀利讽刺。

《琵琶行》创作于白居易45岁那年。当时，白居易被贬为江州司马，他正与友人在浔阳江头话别，忽而听到从邻船传出了阵阵琵琶声。一打听才得知，那船上有一位年老色衰的歌姬，正借琵琶弦音来诉说自己的苦闷与愁思。《琵琶行》的故事便由此开始。

诗的前半部分主要讲述了歌姬的悲惨身世，后半部分则着重于情感的共鸣。按理来说，白居易是个官老爷，他与那歌姬可谓身份天差地别，但情感上的共通却让这两个身份地位截然不同的人，产生了"同是天涯沦落人，相逢何必曾相识"的感慨。歌姬感怀自己悲

惨的身世，白居易又何尝不在为自己仕途不顺、理想夭折而痛苦
失落呢！正如诗歌最后一段所言："座中泣下谁最多，江州司马青
衫湿。"

　　《琵琶行》与《长恨歌》一样，既讲述了精彩的人生故事，又抒
发了真挚深沉的情感，其中描写琵琶乐声的部分，更是文辞绮丽，
精彩绝伦，令人一唱三叹！

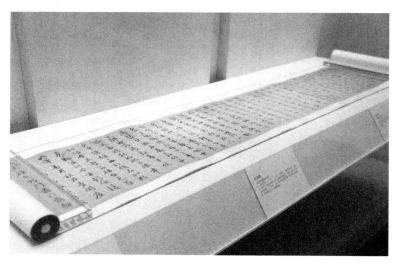

▲ 《琵琶行》手卷

元稹的宝塔诗

说到元稹，人们可能会想起《西厢记》的"前身"《莺莺传》，也可能会想起缠绵悱恻的"曾经沧海难为水，除却巫山不是云"。但很少有人知道，元稹也写过一些非常"有趣"的作品，比如他的"宝塔茶诗"：

茶。

香叶，嫩芽。

慕诗客，爱僧家。

碾雕白玉，罗织红纱。

铫煎黄蕊色，碗转曲尘花。

夜后邀陪明月，晨前命对朝霞。

洗尽古今人不倦，将知醉后岂堪夸。

宝塔诗是杂体诗的一种。简单来说，宝塔诗的形式就是：以一个或两个字的"塔尖"起头，向下延伸，每一层要比上一层多增加一些字数，一直到"塔底"为止。如此排列出来的诗的形状，乍一看就像是一座宝塔，宝塔诗由此得名。

元稹在诗歌方面成就很高，可以与白居易齐名，世人将他们二人并称为"元白"。

元稹还是"次韵相酬"的创始者，他的《酬翰林白学士〈代书一百韵〉》《酬乐天〈东南行诗一百韵〉》等诗，都是依据白居易诗作的原韵而写成的。这种"次韵相酬"的诗歌形式在当时造成了非常广大深远的影响。

在散文和传奇方面，元稹也取得了一定的成就。他的代表作《莺莺传》（又名《会真记》）就是一部非常优秀的传奇作品。

◀ 元稹塑像

苏轼与"乌台诗案"

很多朝代都有文人因言获罪。有的朝代甚至还大兴文字狱，弄得四处人心惶惶，生怕不小心说错一句话，就把自己的脑袋给折腾没了。北宋著名文学家、书画家苏轼就曾因为两句诗而获罪，从而有了历史上有名的"乌台诗案"。

北宋元丰二年（1079），苏轼因反对王安石变法而被贬官外放。按照惯例，每个被贬谪的官员要向皇帝上表致谢，苏轼也不例外。

苏轼认为，自己之所以被赶离京城，完全是因为守旧派的御史动了手脚。对此，苏轼心中愤愤不平，在奏表上书时就不免带了些许牢骚。他在表中写道："陛下……知其愚不适时，难以追陪新进；察其老不生事，或能牧养小民。"

苏轼的牢骚和怨气让守旧派很不高兴，他们决定再给苏轼点颜色看看。对付一个文人，当然最好从他的作品下手，而他们也的确很快就找到了一个完美的罪名。

众所周知，诗人的天性就是吟诵，无论是快乐、悲伤、痛苦还是愤怒，他们擅长用诗歌宣泄情感、言说志向。苏轼也不例外。

苏轼被贬之后，弟弟苏辙担心他被人抓住把柄，特意提醒他说："北客若来休问事，西湖虽好莫吟诗。"

虽然有弟弟的预警，但苏轼作为一名诗人，其情感之澎湃、文

▲ 苏轼画像

思之汹涌，怎么可能忍住不作诗呢？果然，苏轼行至一处，见到一棵枝繁叶茂的桧树，顿时联想到了自己遭遇的种种，忍不住吟诵道："根到九泉无曲处，世间唯有蛰龙知。"

就是这两句诗，成了守旧派攻讦苏轼的把柄，惹出了滔天大祸。要知道，在古代，皇帝被认为是"真龙天子"，龙就是皇帝的代称。龙本该翱翔天际、威风凛凛，可苏轼诗中却说，要到"九泉"之下去寻龙……当然了，苏轼作此诗不过有感而发，并没有诅咒皇帝的意思，但惯于玩弄文字游戏的守旧派又怎会放过这个明显的破绽呢？

苏轼到任才刚刚三个月，就被一道圣旨再次押回了乌台。乌台，即御史台，宋朝纠察百官的机构。这就是历史上有名的"乌台诗案"。

奇茶妙墨俱飘香

苏轼，字子瞻、和仲，号铁冠道人、东坡居士，四川眉山（今属四川）人。众所周知，苏轼是宋代非常有名的大文学家，他还十分精通茶道，在品茶、烹茶、种茶方面颇有心得。苏轼写过许多与茶相关的诗词，民间也流传着不少苏轼与茶的逸事。

纵观苏轼的一生，他虽满腹才华，但在政治上却始终不如意。当初王安石变法的时候，苏轼站在司马光一边，和他一起反对新法，结果被贬离京。后来，司马光当政，苏轼得以连升三级。结果没多久，苏轼又因反对司马光完全废除新法的政策，再次被贬。后来，宋哲宗亲政之后，守旧派掌权，他又因各种各样的缘由被一贬再贬，最后"发配"到海南去了。

由于政见不同，苏轼与司马光之间也产生了种种的恩怨。但不可否认的是，不管是苏轼还是司马光，其人品、见识、才华都有过人之处，令人钦佩。而这两位独具魅力的文人之间，发生过一件与茶有关的逸事。

据说，某天苏轼和司马光等几位文人聚在一起，斗茶取乐，最终苏轼的白茶获胜。他免不了沾沾自喜。

看着苏轼得意的样子，司马光眼珠一转，笑问："茶欲白，墨欲黑；茶欲重，墨欲轻；茶欲新，墨欲陈；君何以同时爱此二物？"

面对司马光的刁难，苏轼不慌不忙，从容笑答："奇茶妙墨俱香，公以为然否？"

司马光的提问，看似说的只是茶与墨，实际上却是讽刺苏轼不能坚守立场，有"墙头草"之嫌。而苏轼的回答却告诉司马光，即便与旧党政见不同，积怨甚深，但双方都是有可取之处的。

司马光之问甚为绝妙，苏轼之答更是精彩，此事传开后亦成为一桩美谈。

说起斗茶，这其实是宋代时期发展起来的一种雅玩，深受王公贵族和文人雅士的喜爱。

斗茶比拼的主要是茶叶的质量和茶汤的色、香、味，以及斗茶之人在茶技茶艺方面的造诣。斗茶的过程虽然文雅安静，比的也只是清茶数盏，但也具有很强的胜负色彩。

斗茶时，需先将茶饼打碎成小块，然后碾成细末，放入烫好的茶盏之中，然后再注入沸水，调制茶膏，之后再用特制的茶筅来搅动茶汤，至盏中泛起汤花。最后，通过比较茶汤的色、香、味，来决定胜负。

当时，很多达官显贵都会通过斗茶的方式来竞选"贡茶"，可谓"以茶而得福，因茶而得宠"。

救命的《鹧鸪天》

在我国古代，元宵节是一个盛大的传统节日。这一天，朝廷会放松宵禁，民间也会举行各种有趣的活动，如赏花灯、放花灯等。

北宋徽宗时期，有一年元宵节，汴梁城中华灯齐放，宋徽宗率文武百官登上城楼观灯，望着大街小巷灯火辉煌的热闹景象，宋徽宗大悦，吩咐手下人："但凡经过宫门正门观灯的百姓，无论男女老少，都赏赐一杯御酒。"

老百姓们不知道御酒是个什么滋味儿，但那毕竟是达官贵人才有机会喝的酒，想必一定美味绝伦吧！于是，众人纷纷排起了长队，翘首以盼，等着领御酒。

就在这个时候，一个名叫计信敏的女子和新婚丈夫出门赏灯，结果两人被人潮冲散了，计信敏跌跌撞撞地随着人流来到宫门口排队。

轮到计信敏的时候，她心中记挂着丈夫，拿起御酒一饮而尽之后，居然忘记把银杯放回桌上，直接走出了人群。结果，计信敏刚想把杯子送回去，就听到身后一声大喝："站住！窃杯女贼，哪里去！"计信敏心中一惊，还没有回过神来，就被两个膀大腰圆的士兵押上城楼，请宋徽宗圣裁。

宋徽宗非常生气，没想到会发生这样一件大煞风景的事情。宋徽宗刚想下令严厉惩治这个"小偷"，却惊讶地发现，这"贼"居然是个长相颇佳、楚楚可怜的少妇，心中顿时生出怜悯，问道："窃杯女贼，你可知罪？"

计信敏慌乱了一瞬，灵机一动，对宋徽宗恭敬说道："今日之事，民女愿当场填词一首，以倾诉衷肠。"

听到这话，宋徽宗兴趣更浓了，没想到这"贼"居然还是个才女。于是便同意了她的请求，让她当场填词赋诗。

计信敏站起身，遥望着辉煌灯火、满目繁华，略一沉思，便吟诵出一首《鹧鸪天》：

> 红光楼上处处新，笑携郎君御街行。贪看鹤阵竹歌舞，不觉鸳鸯失却群。 天将晚，感圣恩，琼浆饮罢脸生春。归家恐被公婆怪，窃取银杯作证凭。

宋徽宗听罢，不由得拊掌笑道："好一句'归家恐被公婆怪，窃取银杯作证凭'。没想到，这市井之中竟还藏着这样一位才女！这银杯你拿走吧，回去给公婆做个证明！"

计信敏提着的心总算落了回去。一首《鹧鸪天》，救了一条命！

岳飞与《满江红》

提起岳飞，很多人都会想起那首慷慨激昂、壮怀激烈的《满江红·怒发冲冠》：

> 怒发冲冠，凭栏处、潇潇雨歇。抬望眼，仰天长啸，壮怀激烈。三十功名尘与土，八千里路云和月。莫等闲、白了少年头，空悲切。
>
> 靖康耻，犹未雪；臣子恨，何时灭。驾长车、踏破贺兰山阙。壮志饥餐胡虏肉，笑谈渴饮匈奴血。待从头、收拾旧山河，朝天阙。

长久以来，人们都认为，这首词应该是岳飞目睹中原遭受金国铁骑践踏之后，心中满怀愤懑和爱国热情而创作的。但现在，不少学者都对这一说法提出质疑，他们认为这首词的作者并非岳飞本人。这究竟是怎么回事呢？

这还要从岳飞的孙子岳珂说起。在岳飞死后，他的孙子岳珂一直致力于收集他生前所写的文章诗歌。岳珂花了31年，才将收集到的所有岳飞作品编订成《金佗粹编》，而这其中并没有这首《满江红·怒发冲冠》。据了解，这首词最初面世，是在明代徐阶所编的《岳武穆遗文》中。

此外，词中提到一处地名——"贺兰山阙"。当年岳飞伐金，目标直指黄龙府。黄龙府在今天的吉林省境内，但贺兰山却位于今天的内蒙古河套地区以西，南宋时，这里属于西夏，而非金国。据此推断，岳飞伐金，路线应该不会经过贺兰山一带。而是在明朝，北方的鞑靼人经常取道贺兰山，入侵甘、凉一带，这句"踏破贺兰山阙"显然更符合明代中叶的情形。

▲ 岳飞画像

正是以上种种疑点使得学者们开始质疑《满江红·怒发冲冠》的真正作者。

当然，也有一些学者认为，这些疑点实际上都能被解开。首先，岳飞的后人未收录此词，并不代表岳飞没有写过这首词，有可能是编者有所遗漏。其次，诗中的"贺兰山阙"只是泛指，这是文章和诗歌中常见的写作手法，就像其中的"胡虏肉""匈奴血"一样，指的是金国人，而非匈奴族。

对此，有学者反驳：虽然"玉门关""天山"之类的词在古时候确实会用来泛称边塞，但贺兰山不同，这个名词是在北宋时期才见于史书记载的。哪怕是明代中叶之后，"贺兰山"一词依然只用于实指，更何况宋朝时候的岳飞呢？

虽然就目前而言，我们不知道《满江红·怒发冲冠》一词的作者究竟是不是岳飞，但不可否认的是，这首词的思想价值和历史作用都是不容忽视的。

赵孟頫和管道昇

　　管道昇是元代初期著名书画家赵孟頫的妻子，同时也是第一位创作女性观音像的画家。

　　赵孟頫和管道昇感情很好，两人兴味相投，婚后常常互相切磋画艺。只是，再深的感情都免不了渐渐归于平淡。赵孟頫人过中年，有一次突然动了纳妾的心思，但他又不好意思和妻子明说，于是就作了一首小曲送给管道昇，曲曰：

> 我为学士，你做夫人。
> 岂不闻，
> 陶学士有桃叶、桃根，
> 苏学士有朝云、暮云，
> 我便多娶几个吴姬、越女，
> 有何过分？
> 你年纪已过四旬，
> 只管占住玉堂春。

　　丈夫要纳妾，作为妻子，管道昇心中必然是不痛快的。但管道昇并没有生气，也没有指责丈夫，而是非常聪明地回复了一首小曲，曲曰：

▲ 管道昇《墨竹图》

你侬我侬，忒煞情多，

情多处热似火。

把一块泥，

捏一个你，塑一个我。

将咱两个一齐打破，

用水调和，

再捏一个你，再塑一个我。

我泥中有你，你泥中有我。

与你生同一个衾，死同一个穴。

这首曲流传至今，广为传唱，已经成为无数男女向爱恋对象表明心迹的典范。然而，谁又能想到，这会是一个年过四旬的女子，为了阻止丈夫纳妾而作的呢？以情动人，入骨入肉，如此的深情，怎能不打动人心？

后来，管道昇于延祐六年（1319）去世，赵孟頫亲笔撰写了《魏国夫人管氏墓志铭》，字字句句都浸透了他对亡妻的沉痛怀念。至治二年（1322），赵孟頫病逝，与管道昇合葬，真真是应了那句"生同一个衾，死同一个穴"。

赵孟頫与管道昇的次子赵雍也是一位大书法家，据说，元仁宗曾将这一家三口的书画作品放在一起，收藏于秘书监，并感叹道："使后世知我朝有一家夫妇父子皆善书，亦奇事也。"

▶ 赵孟頫画像

我笑他人看不穿

很多人都看过周星驰演的《唐伯虎点秋香》，其中有一个情节是秋香吟诵诗句"又摘桃花换酒钱"。这句诗其实出自唐伯虎所作的一首《桃花庵歌》：

桃花坞里桃花庵，桃花庵下桃花仙。

桃花仙人种桃树，又摘桃花换酒钱。

酒醒只来花下坐，酒醉还来花下眠。

半醒半醉日复日，花落花开年复年。

但愿老死花酒间，不愿鞠躬车马前。

车尘马足富者趣，酒盏花枝贫者缘。

若将富贵比贫贱，一在平地一在天。

若将花酒比车马，他得驰驱我得闲。

世人笑我太疯癫，我笑他人看不穿。

不见五陵豪杰墓，无酒无花锄作田。

唐寅，字伯虎，号六如居士，明代著名画家、文学家。他才华横溢，诗、书、画并称"三绝"，与沈周、文徵明和仇英并称为"明四家"。

唐家家境殷实，世代在苏州经商。唐寅自幼聪慧，熟读经史子集，在绘画方面极有天赋，擅长山水和人物画，尤其擅长仕女图。《一世姻缘图》《簪花仕女图》等画作就是他的传世之作。

和当时大多数文人一样，唐寅也曾打算走上仕途。29 岁时，他在乡试中了解元，次年便赶赴京城，准备参加会试。然而不幸的是，那年科考试题提前泄露，唐寅受到牵连、无辜入狱，成了朝堂争斗的牺牲品。

出狱后，唐寅成了人人喊打的"过街老鼠"，名节一失，仕途

▲ 唐伯虎画像

自然也就无甚希望，连他的妻子也抛弃了他。经历了这些不幸之后，唐寅心灰意冷，一心沉迷诗画艺术。在很长一段时间里，唐寅都生活得穷困潦倒，甚至不得不卖画来维持生计。可即便落魄，唐寅也始终保持着文人的风骨，不愿向权贵低头，也不肯趋炎附势。他曾作诗调侃道："闲来写就青山卖，不使人间造孽钱。"

唐寅的后半生可以说是十分坎坷，他年仅 54 岁就去世了。临终之前，他挥笔写下一首诗：

生在阳间有散场，

死归地府又何妨。

阳间地府俱相似，

只当漂流在异乡。

　　从这首诗就能看出，唐寅骨子里始终带着一股潇洒之气，哪怕落魄潦倒，也难掩风华。

　　很多影视作品称唐伯虎是"江南第一风流才子"，民间还流传着他娶了九个老婆的故事。但历史上真实的唐寅并没有这样的"艳福"。他落魄之后，娶了一位名叫沈九娘的女子作为继室，二人育有一女。所谓的"九个妻子"，很可能是从"沈九娘"的名字演化而来的。

　　至于民间流传最广的"三笑姻缘"故事，更是与唐寅毫无干系，那不过是好事者借唐寅的盛名而编造出来的。故事中的"秋香"据说确有其人，是南京一个颇有名气的青楼女子，但她比唐寅年长10多岁，两人根本不可能有交集。

《百家姓》之"赵钱孙李"

在古代中国,《百家姓》是一部民间流传最广、影响最深的儿童启蒙读物,几乎每一个孩童在认字时接触到的第一部书就是《百家姓》。

相传,《百家姓》成书于北宋初期,作者佚名,据称为江浙一带人士,读起来朗朗上口,易学易记。

读过《百家姓》的人都知道,开篇第一句就是"赵钱孙李"。那么,为什么放在第一位的姓氏会是"赵"呢?书中姓氏的排列次序有没有什么缘由呢?

在当时,浙江本是吴越王钱俶的国土,后来纳土归宋,故而宋朝的国姓"赵"便成了首姓,而钱俶的"钱"姓便放在第二位。钱俶的妃子姓孙,所以"孙"姓获得了第三的位置,至于"李",则是南唐皇帝的姓氏,同时也是江南地区的大姓,所以得以排到第四位。再往下,《百家姓》的排列则主要遵循两个原则:"国之大姓;随口押韵。"

目前,学术界普遍认为,早在宋代之前,很可能就已经存在《百家姓》的底本,而那位佚名作者只不过是在已有的底本上进行加工,从而编写出了《百家姓》。自《百家姓》成书以来,后人已将其翻印了无数次,现在有多个版本的《百家姓》流传于世。除此之外,还有诸如《续百家姓》《增广百家姓》这样的作品存在。

明朝初期，朝廷曾颁布新的《皇朝千家姓》。其中第一个姓氏就是国姓"朱"，并以"朱奉天运"开头，全书共收入1968个姓氏。然而，这部《皇朝千家姓》最终未能在民间推广开来，如今已经失传。

清朝康熙年间，清朝廷也曾颁布过一部新的《御制百家姓》。由于《百家姓》中收录的只有汉姓，故而这部《御制百家姓》将孔夫子的"孔"姓放在了第一位。然而，这部重新编排的新版《御制百家姓》同样未能成功在民间普及。

直至今日，最广为人知的"百家姓"，依然还是以"赵钱孙李，周吴郑王"开头的《百家姓》。

郑板桥的题画诗

清朝著名书画家、文学家郑板桥的一生可以用10个字来概括："三绝诗书画，一官归去来。"

说到郑板桥的诗，就不得不提到他的题画诗。所谓题画诗，顾名思义，就是在画的空白处题写的诗。诗与画相辅相成，意境更加深远。虽然题画诗的首创者并非郑板桥，但只要谈论题画诗，就绕不开郑板桥。他一生创作了大量的题画诗，单是以"竹"为主题的，就有60多首。可以说，郑板桥的作品，几乎是每画必有诗。

郑板桥的仕途不算得意，但也没有太差，毕竟他当了12年的县太爷。只不过，熬了12年的资历，他也没等到升官，还被贬了。

据说，郑板桥被贬离开的时候，百姓纷纷遮道挽留，舍不得他走。与乡邻告别之际，郑板桥在一幅自己画的墨竹上题诗道：

> 乌纱掷去不为官，
> 囊橐萧萧两袖寒。
> 写取一枝清瘦竹，
> 秋风江上作渔竿。

郑板桥为官清正，颇有美名。但他因为不肯向清代官场的腐败作风妥协，一直没有出头的机会。时任山东巡抚的包括对郑板桥却

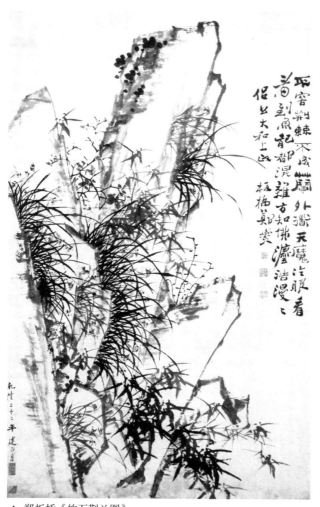

▲ 郑板桥《竹石荆兰图》

是欣赏有加，郑板桥曾送过包括一幅画，画上青竹几竿，劲瘦挺

拔，一旁有题诗云：

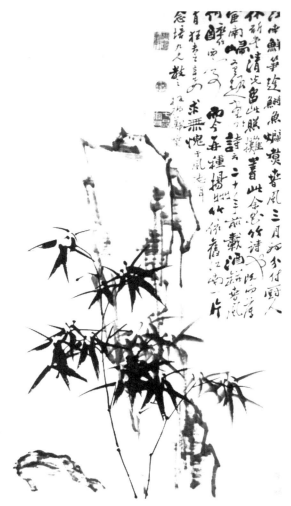

▲ 郑板桥《竹石图》

衙斋卧听萧萧竹，

疑是民间疾苦声。

些小吾曹州县吏，

一枝一叶总关情。

一笔一画，画的是翠竹交映；一字一句，写的却是民间疾苦。足以见得，郑板桥心中始终挂怀着黎民百姓。

在另一幅同样以竹为画的卷上，郑板桥题下了这样的诗：

咬定青山不放松，

立根原在破岩中。

千磨万击还坚劲，

任尔东西南北风。

这首诗同样是郑板桥被贬离任之时所题。画上有三两根劲竹，自坚硬的石缝之中挺立而出，卓然而立。而诗句则表现了郑板桥面对冰冷残酷的现实时依旧坚定不移的勇气和孤高坚忍的品格。诗与画相辅相成，撼动人心。

难得糊涂

"难得糊涂"是郑板桥的传世名言，他挥笔而就的"难得糊涂"四字，即便在今日也仍旧是脍炙人口的佳作。

相传"难得糊涂"这四字是郑板桥在莱州云峰山的时候写下的。莱州位于潍县西北，城东南有一座山，名为云峰山。云峰山上有很多碑刻，不少文人雅士都喜欢前去欣赏书法，顺便游山玩水。

有一次，郑板桥心血来潮，专程前往云峰山，想要观摩欣赏一番"郑文公碑"。上山之后，郑板桥沉浸在书法的海洋中，难以自拔，不知不觉就待到了天黑。山路难行，郑板桥也不敢摸黑下山，便寻了一间山中茅屋借住。

茅草屋的主人是一个气质儒雅的老翁，自称"糊涂老人"。老翁室内放了一个桌面大小的砚台，其石质之细腻、镂刻之精良，一瞧就不是俗物。郑板桥看了大为惊叹，高呼自己真是"大开眼界"了。

与老翁一番攀谈之后，郑板桥将自己的名字告诉了对方。老翁听后甚为震惊，便提出请求，希望郑板桥能为自己题字，郑板桥欣然应允，一番思索后，便在砚台上题了"难得糊涂"四个字，并盖上自己的"康熙秀才雍正举人乾隆进士"印。

由于砚台实在太大，郑板桥写完字时，还余下了不少空白之处，便邀请老翁在一旁也题一些字。老翁也不扭捏，欣然挥笔而就，写下："得美石难，得顽石尤难，由美石而转入顽石更难。美于中，顽于外，藏野人之庐，不入富贵之门也。"

看了这段话，郑板桥心有所感，便再次提笔，在旁边的空白处写下："聪明难，糊涂尤难，由聪明而转入糊涂更难。放一着，退一步，当下心安，非图后来福报也。"

这就是传说中"难得糊涂"四字的由来。

"章回体"小说

　　说起中国古代的长篇小说，就不得不提一种外在叙述体式——章回体，也称章回体小说。

　　章回体小说最大的特点就是将全书分成若干章节，称作"回"或者"节"。它是在宋元时期的"讲史话本"基础上发展而来的。

　　那时候，说书的艺人们会给人们表演，讲述历代王朝的兴亡和战争故事，这就是"讲史"。由于历史非常漫长，所以说书艺人在表演时，常常会将一段历史分成若干次来讲。说书艺人每次讲述的内容，相当于章回体小说的一节或一回。每次讲新内容之前，说书艺人都会通过题目来向听众揭示主要内容，章回体小说的回目也由此得名。

　　在章回体小说中，经常会出现"话说"和"列位看官"之类的字样，比如古典名著《红楼梦》的第一回：

　　　　"甄士隐梦幻识通灵，贾雨村风尘怀闺秀"，此开卷第一回也。作者自云："因曾经历过一番梦幻之后，故将真事隐去，而借'通灵'之说，撰此《石头记》一书也。"故曰"甄士隐"云云。

　　　　……列位看官，你道此书从何而来？说起根由虽近荒唐，细按则深有趣味。待在下将此来历注明，方使阅者了然不惑……

这和现在的小说区别很大。从"话说"和"列位看官"等字样就能看出，章回体小说与话本之间确实存在明显的继承关系，这也是章回体小说特有的形式之一。

中国首批章回体小说出现于元末明初，其中比较著名的有《三国志通俗演义》《水浒传》《西游记》等。这些小说大都取材自民间流传已久的话本故事，经小说作者加工改写而成。明代中叶以后，章回体小说的发展日趋成熟，出现了更多优秀的作品。

相比之前的章回体小说，这些较成熟的作品有着更复杂的情节、更细腻的描写，而且它们在内容方面实际上已经基本脱离了"讲史"，和现在的小说一样，加入了作者更多个性创作的元素。只是在体裁方面，章回体小说依旧保留着话本的痕迹。所以，在清人创作的《红楼梦》中，我们依旧可以看到"看官""且说""话说"等字句。

斑竹一枝千滴泪

众所周知，毛泽东不仅是一位伟大的无产阶级革命家、政治家、军事家，还是一位非常优秀的诗人。他创作过很多人们耳熟能详的旧体诗词。

1961 年，毛泽东作了一首七律，名为《答友人》：

> 九嶷山上白云飞，帝子乘风下翠微。
>
> 斑竹一枝千滴泪，红霞万朵百重衣。
>
> 洞庭波涌连天雪，长岛人歌动地诗。
>
> 我欲因之梦寥廓，芙蓉国里尽朝晖。

这首诗中的"斑竹一枝千滴泪"其实是一个典故，源自一个古老的传说。

相传在远古时期，一个叫瞽叟的人在夜里做了个梦，梦中飞来一只凤，口中衔着一粒谷种来喂他，并张口说道："我将成为你的子孙。"后来，瞽叟的妻子就怀孕了，生下一个目有双瞳的孩子，起名叫舜。

舜长大之后，在历山下耕作，他发现，黄河流域有一种名为大象的生物，力气很大，于是他就驯化大象用于耕作。他还教会了人们如何制造盛放东西的陶器，以及如何使用更便捷的工具来捕鱼和狩猎。很快，舜就因聪明才智而名扬天下了，深受百姓的尊敬。

有一次，一个嫉妒舜的恶徒把他骗到谷仓中关了起来，还想要放火烧死舜。可没想到，在火光冲天之中，舜竟变成了一只凤鸟，飞走了。

很快，舜的名声就传到尧的耳中，尧决定考验一下舜，看他是否有资格成为自己的继承人。尧将自己的两个女儿娥皇和女英许配给了舜。舜从一个普通的农夫，一跃成了身份尊贵的"驸马爷"。经历这样重大的身份转变之后，许多人难免会有些飘飘然，但舜不同，他没有因此而沾沾自喜，而是一如既往地孝顺父母、友爱兄弟、勤耕不辍。

考查了一段时间之后，尧终于认可了他，并将首领之位传给了舜。舜成为首领之后，没有辜负尧的期望，把天下治理得井井有条。

后来，舜在禅位给禹之后，便乘车南巡，途中却在苍梧（今湖南宁远南）去世。舜被葬在湘江附近的九嶷山上。娥皇和女英来到九嶷山寻找丈夫，却得知舜已死去的噩耗。二人悲痛不已，扶竹而泣，眼泪流干后，又流下了血泪。血泪滴落在竹子上，留下了斑斑痕迹，这就是传说中"斑竹"的由来，故而"斑竹"又被称为"湘妃竹"。

因悲痛过度，二人皆死在了九嶷山，与舜合葬。从那之后，这座山便被人们称为"君山"，而娥皇与女英则成了传说中的"湘江神女"。

如今，君山之上仍然有"舜帝二妃之墓"，墓旁的大石上还刻有一副对联，曰：

君妃二魄芳千古　山竹诸斑泪一人

"七绝圣手"与"诗家夫子"

王昌龄（约690—约756），字少伯，是盛唐时期著名的边塞诗人。

在诗歌方面，王昌龄以七绝见长，尤其擅长边塞诗，因他曾在江宁做过官，故而有"诗家夫子王江宁"的美誉，后世则赞誉他为"七绝圣手"。

王昌龄的边塞诗究竟有多棒呢？不妨先来欣赏一下他的这首《出塞》：

秦时明月汉时关，

万里长征人未还。

但使龙城飞将在，

不教胡马度阴山。

对于这首《出塞》，相信很多人都不会感到陌生。此诗从景物入手，开篇便勾勒出了一幅冷月照边关的苍凉景象，意境开阔，悲而不凄，颇有纵横古今的气魄。这首《出塞》历来获得的评价都非常高，明代诗人李攀龙对它推崇备至，甚至赞誉它是唐人七绝的压卷之作。明代杨慎在编选唐人绝句的时候，同样也将它列为首位。

王昌龄出名较早，他和当时的许多名诗人有交往，如李白、孟浩然、高适、岑参、王之涣、王维等。其中，王昌龄与孟浩然感情最好。

唐玄宗开元二十八年（740）的时候，王昌龄前往襄阳，还特意拜访了孟浩然。当时，孟浩然患疽病，尚未痊愈，但他见到王昌龄非常高兴，硬是要把酒言歌。可没想到，最后孟浩然却乐极生悲，因为喝酒过多引发旧疾而病逝。本是旧友重逢的乐事，谁知最后竟成永别，唯余无尽的叹息和遗憾。

▶ 王昌龄雕像

旗亭画壁与六首绝诗

王昌龄和高适、王之涣都是唐代著名的诗人，三人私交甚笃，常常相约聚会。

开元年间，有一回，天寒微雪，王昌龄、高适和王之涣三人相约到旗亭小饮，顺便一起谈论文学。当时颇负盛名的4位歌伎和10余位梨园伶官也恰巧来到此处会宴，王昌龄等人便一边烤火饮酒，一边兴致勃勃地观看表演。

这时，王昌龄突发奇想，对两位好友说："我们三人都擅长写诗，也不知究竟谁更厉害。要不今天就比一比，看看她们唱谁的诗最多，谁就获胜！"

表演开始后，第一位歌伎唱了王昌龄的"一片冰心在玉壶"，王昌龄得意一笑，在一旁的石壁上给自己画了一道。第二位歌伎上场，唱的是高适的"开箧泪沾臆"，高适也笑着，学王昌龄在石壁上给自己画了一道。接着第三位上场，唱的又是王昌龄的诗作，于是王昌龄再添一道。

眼看两位好友遥遥领先，王之涣依旧是一副不慌不忙的样子，慢悠悠地说道："这三位都是普通的歌伎，只会唱些下里巴人。要我说，还得看最后出场的那位唱了谁的诗。若她唱的不是我的诗，那我这一辈子都不敢再和你们二位相争啦！"

结果，正如王之涣所说，最后那位最具盛名的歌伎所唱的正是王之涣的作品。三人不禁拊掌大笑。见三人突然大笑，伶官和歌伎们很好奇，上前一问才知原委，得知他们三位都是诗坛有名的才子，便热情地拜请他们入席。

后来，此事流传出去，旗亭画壁便成了一个典故。元代时，还有人将此事改编成了杂剧。

和王昌龄、高适相比，有关王之涣的史料非常少，目前流传于世的诗作仅有六首。但即便如此，王之涣的诗名人尽皆知，尤其是他那首脍炙人口的《凉州词》，至今广为传誉：

> 黄河远上白云间，
> 一片孤城万仞山。
> 羌笛何须怨杨柳，
> 春风不度玉门关。

还有那首《登鹳雀楼》，每个人都耳熟能详：

> 白日依山尽，
> 黄河入海流。
> 欲穷千里目，
> 更上一层楼。

"戏曲"与"梨园"

　　"梨园"这个词，我们并不陌生。戏曲界又叫作"梨园界"，戏曲行业又可称"梨园行"，戏曲演员又名"梨园弟子"，几代人都从事戏曲事业的家庭则是"梨园世家"。那么，为什么"戏曲"是"梨园"呢?

　　这一称谓的由来要追溯到唐朝时期了。据《新唐书·礼乐志》记载，唐玄宗十分喜爱音乐，且颇具音乐天赋。在长安（今西安）光化门（一说芳林门）外禁苑中，他曾选坐部伎子弟300人和宫女数百人学歌舞，有时亲自教正，称为"皇帝梨园弟子"，亦称"梨园弟子"。这些乐人演奏的时候，玄宗就在旁边倾听，无论谁出了错，他都能第一时间察觉并指正。当时，这些乐人所住的宫苑就叫"梨园"，因此，人们将这些人称为"皇帝梨园弟子"。就这样，梨园逐渐成为唐代宫廷内专门训练乐人的地方。

　　在唐代，梨园主要训练的是器乐演奏的乐人，除此之外，还有掌礼乐的太常寺和掌管应承宫廷宴会、祭祀声乐歌舞的内教坊，三

▲ 现代梨园剧场

大音乐机构鼎足而立，成了唐朝时期最优秀的"乐人出产地"。当时，很多颇受欢迎的乐人均出自梨园，久而久之，"梨园弟子"就成了乐人弟子的代称，而"梨园"也渐渐成了乐工机构和行业的代称。

问世间情是何物

在金庸先生的作品《神雕侠侣》中，受过情伤的"赤练仙子"李莫愁每次出场，口中都吟诵一句："问世间情是何物？"这是李莫愁一生都走不出的迷障，也是红尘俗世中无数男男女女剪不断的烦忧。

此句出自金代著名文学家元好问所作的一首词《摸鱼儿》，词曰：

问世间、情是何物，直教生死相许。天南地北双飞客，老翅几回寒暑。欢乐趣，离别苦，就中更有痴儿女。君应有语，渺万里层云，千山暮雪，只影向谁去。

横汾路，寂寞当年箫鼓。荒烟依旧平楚，招魂楚些何嗟及，山鬼暗啼风雨。天也妒，未信与，莺儿燕子俱黄土。千秋万古，为留待骚人，狂歌痛饮，来访雁丘处。

相传这首词的背后其实还有一则感人肺腑的真实故事。那是元好问赴京赶考途中遇到的事。那时候，元好问与几个学子刚到太原，在汾河岸边遇到一位张网捕雁的农夫，便与之闲聊了起来。

农夫告诉众人，他今天早晨时网到了两只大雁，他将其中一只杀死了，而另一只挣脱网逃走了。可没想到的是，逃走的大雁见另一只大雁已死，竟不断发出哀鸣，久久不肯离去，最后一头撞到地上，殉情而亡。

听了农夫讲述的事情，元好问心中甚为震动，便出钱向农夫买下了两只死去的大雁，将它们葬在汾河岸边，用石块为这两只大雁垒起一座简单的坟冢，称为"雁丘"。

同行的学子们深受感动，纷纷以此事为题而作诗，元好问也作了一首，就是这首流传千古的《摸鱼儿》。

元好问是金代北方文学的主要代表人物之一，也是当时最有成就的文学家。他出身于世代书香的官宦世家，祖先原是北魏皇室鲜卑族拓跋氏，后为响应魏孝文帝的汉化改革而改姓元。

元好问多才多艺，当时所有的文学形式，他几乎都尝试过，且都有作品传世，包括诗、词、歌、赋、曲、小说，传统的论、表、疏、记、碑、铭、赞、志、碣、序、引、颂、书、说、跋、状以及官府公文诏、制、诰等。

此外，他还是一位高明的文艺理论家，提出许多实用的写作技巧。在政治方面，元好问也有很高的声誉，无论是出任朝廷官员还是地方官，都能恪尽职守。在历算、医药、书画鉴赏、书法、佛道等领域，元好问也多有涉猎，且成就不俗。

第三辑

琴棋书画

伯牙与钟子期

人们常常感叹："人生难得一知音！"所谓"知音"，指的就是能够懂我们、理解我们，与我们心有灵犀的人。

众所周知，"知音"一词来源于春秋时代俞伯牙与钟子期的故事。但很多人可能不知道，故事中的俞伯牙，实际上并不叫俞伯牙。据考证，伯牙本就姓伯，名牙，"俞"姓只是讹传。

伯牙是春秋时人，精通鼓琴。古书《琴操》记载了一则伯牙学琴的故事：

据说伯牙的老师是当时非常有名的琴家成连先生，伯牙跟随成连先生学琴，学了整整三年，却依旧没什么进步。于是，成连先生便建议伯牙去找自己的师父万子春请教学习，万子春的本事要更加高明。于是，伯牙便动身去了东海。在拜访万子春之前，伯牙行至

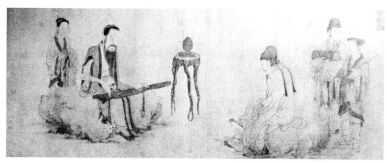

▲《伯牙鼓琴图》

海边，看着汹涌的波涛，听着远处依稀传来的群鸟悲鸣之声，心中忽然就豁然开朗，弹琴的水平也直线提升，甚至还灵感爆发，创作了千古名曲《水仙操》。

除了这曲《水仙操》之外，还有另一首更加广为流传的曲子，也与伯牙有关，那就是《高山流水》。

《高山流水》的乐谱最早出现于明代的《神奇秘谱》一书。该书中说，《高山》与《流水》两首曲子原本是一曲，"初志在乎高山，言仁者乐山之意。后志在乎流水，言智者乐水之意"。直到唐朝，这首曲子才被分为两部分，一部分为《高山》，另一部分为《流水》。

在"伯牙鼓琴遇知音"的故事中，伯牙所奏的曲子，正是《高山流水》。而"知音"一词也正是源自此处。

相传伯牙擅长弹琴，钟子期则擅长品琴。当伯牙心中想着高山弹琴时，钟子期便感叹："真好！就如同巍峨的泰山屹立于我眼前一般！"而当伯牙心中想着流水弹琴时，钟子期又感叹："真好！就宛如奔腾不息的江河流淌过我心灵一般！"

后来，钟子期去世了，伯牙十分伤心，认为自己在世上再也找不到知音了。于是，他在钟子期墓前摔碎了自己心爱的琴，并且终生不再弹琴。

失而复得的"春雷"琴

北京故宫博物院有一幅古画，名为《听琴图》，据说是宋徽宗赵佶创作的。图中所画的是松下抚琴赏曲的情景。抚琴之人弹奏着一张仲尼式古琴，有人认为，这很可能就是宋徽宗最宝贝的藏品——"春雷"琴。

古人有云："唐琴第一推雷公，蜀中九雷独称雄。"在传世的古琴之中，唐琴最为珍贵；而在唐琴之中，又以雷公琴最为珍贵。唐代蜀中有专擅制琴的雷氏家族，在雷氏家族中，名声最响、成就最高的制琴家就是雷威。而雷威一生制作的所有琴中，评价最高、最珍贵的就是"春雷"琴。

相传宋徽宗赵佶酷爱古琴，曾专门设置"万琴堂"，用以搜罗天下流传的名琴。而自从宋徽宗得到"春雷"琴之后，"春雷"便牢牢占据了"万琴堂"中的首席。

北宋被金国攻灭后，"春雷"琴和宋宫中的其他珍宝一起被金人运回了中都。金章宗十分喜欢"春雷"，将其收藏在承华殿中，死后还令人将此琴作为陪葬。就这样，"春雷"被埋入地下，一埋就是整整18年。

18年后，"春雷"再次面世，被收入元朝皇宫。元帝又将"春雷"赏赐给了擅长弹琴的中书令耶律楚材。耶律楚材得到"春雷"之后，便将其转赠给了自己的老师万松老人。万松老人死后，"春雷"又到

了耶律楚材之子耶律铸
的手中。

　　明代时，"春雷"辗
转传入明宫。

　　到了清代，"春雷"
又流传到了裕亲王府，
随后落入大琴家叶诗梦
手中。叶诗梦甚为喜爱
"春雷"，后将"春雷"传
给了自己的入室弟子汪
孟舒，此后，"春雷"就
成了汪氏的传家之宝。

▲ 赵佶《听琴图》

蔡文姬与《胡笳十八拍》

《胡笳十八拍》是中国古代十大名曲之一，相传为蔡文姬所作。

笳是西北民族地区的一种乐器，类似笛子，在汉代时传入中原，通常称作"胡笳"。胡笳的声音非常有特色，极具穿透力，很适合表现凄怆、哀怨的情感。汉代时，胡笳广泛流行于塞北和西域游牧民族地区，其音色与游牧民族英勇强悍的个性十分相符。

蔡文姬的《胡笳十八拍》讲述了她回归故土的故事，其中的悲苦哀婉、撕裂肝肠，为胡笳添加了一种凄楚而又动人的神韵。

蔡文姬是东汉名士蔡邕之女。东汉末年，董卓被诛，蔡邕为司徒王允收付廷尉治罪。自请黥首刖足，续成汉史。最终死于狱中。

蔡文姬，名琰，自幼便聪明过人，博学多才，尤其擅长文学和音律，在当时颇有才名。蔡邕死后，孤苦无依的蔡文姬只得随着难民四处逃亡，后来更是不幸遇到了匈奴兵，蔡文姬被董卓部将掳走，辗转成为南匈奴左贤王的夫人。

蔡文姬在匈奴一待就是12年，和左贤王生了两个孩子。身在异乡，她无时无刻不在思念故土，其中的心酸苦楚更是无人可诉。

后来，曹操平定中原之后，与匈奴修好，便派出使节，愿以重金赎回蔡文姬。一直以来，蔡文姬连做梦都想重回故土，但若是真的回去了，那么她就将与自己的孩子分离，对于一个母亲来说，这是多么残酷的事情啊！

　　最终，经过激烈的思想斗争，蔡文姬还是挥泪告别了丈夫、孩子，踏上了期盼12年之久的"回家"之路。

　　后来，怀抱思念故土、感怀身世之情，蔡文姬创作了《胡笳十八拍》。该曲有《大胡笳》《小胡笳》以及《胡笳十八拍》等版本，虽然曲调各有不同，但都饱含着深沉的思乡之情、骨肉分离的哀痛之心，其矛盾深沉的情感，令人不忍倾听。

工尺谱

　　工尺谱是我国古代词、曲、戏曲等音乐形式所使用的一种记谱方式，因其音高符号为"工、尺"等字而得名。

　　史籍中较早谈及工尺谱的见于北宋，最初可能由管乐器演奏的指法符号演变而来，因流传的地区、时间以及乐种不同，工尺谱所用的音字、字体、宫音位置、唱名法等各有差异。

　　在工尺谱中，音高符号通常属于首调唱名法，当然，也不乏使用固定唱名法的情况。比如"上（'1'）、尺（'2'）、工（'3'）、凡（'4'）、六（'5'）、五（'6'）、乙（'7'）"，等等。其调号以上字调（降B）、尺字调（C）、小工调（D）、凡字调（降E）、六字调（F）、五字调（正宫调G）、乙字调（A）等为标记，其中又以小工调、正宫调、尺字调、乙字调最常用。

　　在工尺谱中，节奏符号又称"板眼"。通常而言，板代表了强拍，眼则代表弱拍。常见的节奏形式包括：散板、流水板、一板一眼、一板三眼、加赠板的一板三眼，等等。其中，散板相当于自由节奏，流水板则每拍都需要用板子来记，通常是1/4的节奏。一板一眼，顾名思义，就是一个板加上一个眼，即2/4节拍；一板三眼即一个板加三个眼，4/4节拍；加赠板的一板三眼是昆曲中的南曲特有的，大约相当于4/2节拍。

弦索十三套

　　明代时，一种名为"弦索"的曲在北方地区非常流行。所谓"弦索"，其实指的就是以弦乐器为主的管弦乐合奏，演奏乐器包括扬琴、火不思[1]，等等，主要都是弦乐器。

　　清代初年，弦索进一步发展，除了弦乐器之外，还增添了笙、管、笛、箫等吹奏乐器，以及云锣、拍板等打击乐器。清朝宫廷中将这种器乐合奏称为"番部合奏"，该演奏标配通常为15人。

　　"弦索十三套"，是弦索的一种合奏乐，一共13套乐曲，所以称作"弦索十三套"。在清乾隆、嘉庆时代之前，"弦索十三套"就已经在民间盛行了，演奏乐器主要以琵琶、三弦、胡琴、筝等弦乐器为主，13套乐谱包括《十六板》《琴音板》《月儿高》《海青》《阳关三叠》《清音串》《平韵串》《琴音月儿高》《松青夜游》《合欢令》《将军令》《普庵咒》《舞名马》。其中，《十六板》是所有乐谱中难度最高的，《合欢令》和《将军令》为筝谱，其余则是胡琴、琵琶、三弦和筝四种乐器的合奏谱。

1　火不思：蒙古族拨弦乐器，形似琵琶，盛行于明代，在内蒙古、河北和甘肃北部等地区较为多见。

中国书法

中国书法是一门独具特色的艺术，主要文具包括毛笔、宣纸、砚台和墨。书写时，须在砚台中将墨研磨成浓淡适中的墨汁，然后再用毛笔蘸取墨汁，在纸上书写。

书法是一种表现性艺术。俗话说"字如其人"，在中国人看来，书法不仅仅是表达含义的符号，同时也是表情达意的形态。书法家个人的学识、修养、个性、生活经历以及兴趣爱好等，都能够通过书法作品折射出来。

此外，书法还是一种实用性艺术，可以运用到生活的方方面面，比如题词、牌匾等。

中国书法从甲骨文与金文开始，经过了一系列演变，逐渐形成了篆书、隶书、行书、楷书、草书等多种不同的表现体式。从古至今，我国更是诞生了无数杰出书法家，如王羲之、王献之、欧阳询、颜真卿、柳公权、怀素、黄庭坚，等等。他们还形成多种不同的书法流派，各领风骚，为中国书法艺术的发展做出了重大贡献。

苏黄米蔡

在历史上，但凡说起宋代书法，必然会提到"苏、黄、米、蔡"四大书法家。这四位大书法家被誉为宋代书法风格的典型代表。

其中，"苏"指的是苏轼，其书法风格丰腴跌宕、天真烂漫；"黄"指的是黄庭坚，其书法风格纵横拗崛、昂藏郁拔；"米"则是米芾，其书法风格俊迈豪放、沉着痛快。但"蔡"究竟指的是谁，历史上一直颇有争议。

关于"蔡"的身份，目前主要有两种说法：

第一种说法认为，"蔡"指的是蔡襄。蔡襄，字君谟，他的书法延续了晋唐时期的风格，讲究古意和法度。蔡襄的正楷端庄沉着，行书温淳婉媚，草书则参用飞白法，精妙非常。苏轼称赞他："独蔡君谟天资既高，积学深至，心手相应，变态无穷，遂为本朝第一。"

第二种说法主要流行于明清时期，这种说法认为，"蔡"原本指的是蔡京，因蔡京的种种行径实在令人厌恶，后人便以蔡襄取而代之。

众所周知，蔡京是北宋有名的大奸臣。宣和七年（1125）陈东上书，请诛蔡京等"六贼"以谢天下。蔡京为人如何且先不说，他在书法艺术方面的造诣却是非常高深的。蔡京的书法具有姿媚豪健、痛快沉着的特点，比注重古意的蔡襄更添了几分新意，在当时享有盛名。

北宋前期，蔡襄的书法确实备受推崇，但自中期以来，宋代书法形成全新的风貌之后，蔡襄的书法就不免有些"过时"了。因此，

"蔡"指蔡京的可能性也并非完全没有。

六分半书

郑板桥的诗、书、画、印，被人们并称为"四绝"。尤其是他的书法艺术，在中国书画史上堪称独树一帜。

据说郑板桥年轻时曾潜心临摹历代名书法家的作品，甚至达到了以假乱真的地步。可即便如此，他在书法界也没能闯出任何名堂。

有一天晚上，他躺在床上睡不着，满脑子想的都是书法，手指也不知不觉就在被子上写写画画起来。写着写着，一不留神就写到身边的妻子徐氏身上了。徐氏惊醒，不高兴地嘟囔道："人都有自己的体（身体），你要比画就在你的体上比画，干什么弄我的体呢？"

言者无心，听者有意，徐氏一席话让郑板桥豁然开朗：是啊，他人有他人的体，我有我的体，何必一味地去模仿他人呢？

此后，郑板桥不再单纯地临摹前人之作，而是潜心研习、融会贯通，在汲取各家所长的基础上，提炼出了属于自己的风格，从而创造出了雅俗共赏的"六分半书"，也就是世人所说的"板桥体"。

特别有意思的一件事是，在郑板桥传世的诸多作品中，有一类竟是他在担任县令时办公留下的"判词"。众所周知，县令的主要职责之一，就是审理地方上大大小小的案子，并在状纸上写下判词。由于郑板桥的书法实在精妙，所以有一些人便在案子结束之后，收集郑板桥留下判词的状纸，毁去状纸、留下判词，再装订成册，作为书法精品来收藏。于是，这类特殊的"作品"就这样保留了下来。

这里分享一些流传下来的郑板桥"判词"，各位读者可以一品其中趣味：

> 既据患病三月，耽误子弟，亦在所难免。但斯文体统，非可斤斤计较，应彼此看破。

这是一件东家状告塾师的案子，郑县令显然更偏向于生病的塾师。

> 郎氏因无嗣而嫁，又有母家主婚，便非苟合。明系不得分财礼，借词渎控。于是驳回。

此案所状告的显然是一个再嫁的寡妇，正直的郑县令自然更袒护身为弱势群体的寡妇。

> 尔有钱粮四两七钱，非贫士可知。听学生按季自送，何得借完粮名色横索？

月入四两七钱的秀才，竟还好意思自称"贫士"。郑县令无情地讥讽了他，但同时也给了他一些劝诫。

> 既据有地二顷五十亩，尚谓之穷乎？不准。

寥寥数字的判词，却已将富人的贪婪形象刻画得入木三分。

书画同源

　　中国自古就有书画同源之说，而最早提出这一观点的，就是元代著名画家兼书法家赵孟頫。他曾在《秀石疏林图》上题过这样一首诗：

> 石如飞白木如籀，
> 写竹还应八法通。
> 若也有人能会此，
> 须知书画本来同。

　　中国的书画与西洋各国均不相同。一方面，中国人写字与绘画所用的工具都是"文房四宝"；另一方面，中国传统的绘画与书法在用笔方法上几乎如出一辙，而且许多文人在作画的时候，往往会自然而然地将书法的用笔带入绘画。就如赵孟頫也在诗中强调，中国绘画本就该是以"写"代"描"，用书法的笔法来画画的。

　　这其实并不奇怪，中国的汉字本就是由象形文字演变而来的，而最早期的象形文字，实际上就是用简单线条画出的一幅幅小画，经过千百年的变化和精简之后，才成为今天我们所使用的汉字。

　　书画同源之说的提出，使得中国画具有了一个十分突出的特点：在画上题诗或题字，将诗、书、画三者融合成一个艺术整体。如此，书与画相辅相成，整体意境更加深远，也更具内涵。

吴道子与李思训

唐代有两位非常著名的大画家，一个是吴道子，另一个是李思训。

据说有一次，唐玄宗想在大同殿的墙上作一幅嘉陵江的山水画，便把吴道子和李思训都召进宫来，命他们一同前去实地考察，然后再回来作画。

从嘉陵江归来的时候，李思训带着很多画稿，吴道子却是两手空空。唐玄宗觉得很奇怪，就问吴道子："你怎么没有画稿？"

吴道子笑答："画稿都在我肚子里了。"

结果，吴道子仅仅用了一天，就挥笔完成了嘉陵江300多里的山水画；李思训却足足用了一个多月，才将自己的作品雕琢完毕。

后来，"安史之乱"爆发，唐玄宗随大军出走，避难川蜀，路过嘉陵江时，顿时回想起吴道子的画，竟与嘉陵江真实的山水风貌别无二致。

这样说当然不是要贬低李思

▲ 吴道子塑像

▲ 李思训《江帆楼阁图》

训。李思训和吴道子一样，是历史上著名的大画家，只是二人无论画风还是画法都有极大区别，不能简单地加以比较。

那么，吴道子和李思训的绘画风格分别是什么样的呢？

吴道子有"画圣"之美誉，是中国古代画家中名声最盛的一位，民间将他奉为画工"祖师"。吴道子最擅长画佛道人物，其笔法磊落，势状雄峻，画出的人物栩栩如生，极具立体感。他曾在长安、洛阳等地寺观内300多间房的墙壁上，留下了形态各异的佛道宗教壁画。他喜用柔和的线条来勾勒人物的衣褶，看上去颇有种"飘飘欲仙"的感觉，故而人称"吴带当风"。

李思训出身唐朝皇室宗亲，是唐高祖李渊的堂弟长平王李叔良之孙。因他曾任右武卫大将军之职，世人将他称为"大李将军"。李思训擅长画山水，明代书画家董其昌曾盛赞他是山水画"北宗"之祖。

诗中有画，画中有诗

王维，字摩诘，唐代著名的大诗人、大画家，曾被苏轼赞誉为"诗中有画，画中有诗"。

王维是唐开元年间的进士，曾官至给事中。在"安史之乱"爆发后，他被安禄山授予伪官职，因为这件事，在"安史之乱"平息之后，王维被降为太子中允。后在唐肃宗乾元年间，王维任尚书右丞之职，故而世人也称他为"王右丞"。

王维性喜山水，信佛教，用今天的话来说，就是为人比较"佛系"，而他的诗也多以山水田园为题材。他中年后居蓝田县的辋川，其晚期作品的内容也大多是隐逸生活和谈禅说佛。

王维在绘画史上也有着非常重要的地位，明代著名画家董其昌曾将他推为山水画的"南宗"之祖，并盛赞称"文人之画，自王右丞始"。他画的《辋川图》山谷郁盘，云水飞动，笔力雄浑，开启了后人诗画并重的先河。

关于王维的《辋川图》，还有一个十分有趣的小故事。

据说，宋代大文学家秦观患了肠胃病，友人得知后，带着王维的名画《辋川图》来探望他，并对他说："你没事就多看看这画，病能好得快一些。"

秦观深受病痛折磨，情绪非常不好，听了朋友的话后，便将这幅画挂在墙上，天天没事就欣赏。结果，看着看着，秦观竟感觉自己真的身处画中，眼前是郁郁山谷，天边是水逝云飞。大自然的气息慢慢抚平了秦观烦躁的心绪，心情一好，肠胃病也很快痊愈了。

▲ 王维《辋川图》

宋徽宗考画官

宋徽宗赵佶虽然不是一个合格的皇帝，但在艺术领域却颇有成就。他深爱绘画艺术，尤其擅长花鸟画，在他的大力推动下，宋代的绘画艺术有了空前的发展。而且他还自创了一种书法字体，后人称之为"瘦金体"。

宋徽宗喜爱绘画，也擅长绘画。他在位时曾亲自主管画院，并常常给画师们授课，出题批卷。由于本身具有深厚的文学功底，宋徽宗给画师们出的考题也都颇具情趣，至今仍为人们津津乐道。

在宋徽宗给画师们出的考题中，最有名的一道题为"竹锁桥边卖酒家"。据说，当时很多画师在看到这个考题之后，画的都是酒家、溪水、小桥、竹林、清风，等等。只有一个名叫李唐的画家与众不同，他的画中只有一泓溪水，小桥横卧其上，桥边是一片郁郁葱葱的翠竹，竹中挂一帘，迎风招展，帘上可见一个"酒"字。

宋徽宗看到李唐的画作后大为赞赏，认为画中不曾出现酒家，只出现一幅酒帘，很好地点出了"锁"的意境，于是便定李唐为第一。后来，李唐也确实如宋徽宗所料，成了宋代非常有名的画家。

又有一次，宋徽宗出了一个"野渡无人舟自横"的考题，取自唐代诗人韦应物的《滁州西涧》。当时，大多数画师要么画一艘系于涧边的空舟，要么画一只鹭鸶立于船头，要么画一只飞鸟落于船竿。但最后受到宋徽宗嘉奖的，却是一幅有舟也有人的画，画中人卧于

▲ 赵佶《芙蓉锦鸡图》

舟尾，手握竹笛——野水无人渡，就连摆舟之人也百无聊赖地打起了瞌睡……

还有一个独具匠心的考题也是宋徽宗出的，题为"踏花归去马蹄香"。众画师在看到考题之后，选择画花、画文人仕女、画达官显贵。唯有一幅，画的却是骏马缓步而来，马蹄边上环绕飞舞着几只小小的蜜蜂。如此巧思，自然被宋徽宗评作首席。

"深山藏古寺"也是宋徽宗出给画师的一道考题。当时，有的画师画了树丛中露出寺顶，有的画师画了半山腰上若隐若现的古寺，有的画师则干脆画了一处坐落在山中的寺庙。最得宋徽宗赞赏的一幅画，画中只有山水和一条曲折的羊肠小路，一个老和尚正在溪边担水。虽无"寺"影，却又能让人联想到"寺"，一个"藏"字更是表现得淋漓尽致。

版画艺术

印刷术是我国古代四大发明之一，也是中国对世界文化的一大重要贡献。其中，版画艺术是雕版印刷的一个重要分支，它与人们的生活紧密相连、息息相关，是推动文化和美术普及的重要工具。

最初的雕版印刷出现在晋代，与宗教有很大的关联。那时候的人们笃信，只要随身带着雕刻有咒语的护身符，就能驱散鬼怪和野兽。所谓的"护身符"，其实就是一块大约四寸长的木板，上面刻着大约120个字的"咒语"。在这种"护身符"上沾上墨，然后再压印到纸上，就成了民间的"符咒"，这就是雕版印刷的雏形。

版画艺术的出现与宗教同样脱不了干系。最初的版画实际上就是以经卷中佛教画的形式登上历史舞台的，包括书籍的插图、年画，以及各种节令风俗画，等等。

虽然版画艺术出现得很早，但直到北宋，它才开始逐渐取代壁画，从此在中国的绘画史上占据了一席之地。

▲ 版画图

九九消寒图

清代时，民间曾流传这样一首"岔曲"，曲曰：

> ……童儿报道好大雪，望长空似柳絮飞扬还未住；老祖闻听慌张了，提笔错绘九九图。

曲中提到的"九九图"，全名其实是《九九消寒图》，乃是清代道光年间用于消磨冬日时光的一种"游戏"，在道光皇帝的"带动"下流行起来。

那是道光初年的时候，有一年冬天特别冷，人们都不愿意出门，可每天待在屋子里也很无聊。于是，道光帝亲手绘制了一幅《九九消寒图》，选"亭前垂柳珍重待春风"九个双钩空心字，每个字均为九画，九个字便一共有81画。然后让大臣们天天描红填写，等整张纸都填完了，寒冬也就过去了。

在道光帝的"带动"下，这种既有文学性又能消磨冬日时光的"游戏"立刻就流行开来，并衍生出了许多不同的形式：有和道光帝一样作字的，如"春前庭柏风送香盈室""雁南飞柳芽茂便是春"等，每个字的繁体都是九画；有创作九体对联的，每联九字，每字同样九画，如"故城秋荒屏栏树枯荣、庭院春幽挟巷草重茵"等；还有真正作"图"的，如画一枝素梅，上开81朵梅花，每天涂一朵；还有直接在一张纸上画81个圈圈，写上日期，每天根据天气的不同来操作，比如阴天就将上半部分涂黑，晴天就将下半部分涂黑，雪天便在中央画上一点，等等。

其实，类似的风俗早在明代就已经出现了，明代司礼监还曾印制过"九九消寒图"在民间推广，从"一九初寒才是冬"起，至"日月星辰不住忙"止，每九天四句诗。不过，这种"九九图"与后来的"九九图"还是有很大差别的。

印章名称的变迁

印章对很多人来说都不陌生，但它的名称并不是一开始就叫作"印章"的。

秦代以前，所有的印都称为"玺"，或者"钤"。秦始皇统一六国之后，为了凸显皇权的尊贵，对许多称名事项制定了规矩。比如，只有皇帝的印章才能称作"玺"，普通大臣或百姓的印章是不能称为"玺"的，只能叫"印"。

到了汉代，诸侯王、王太后的印章也可以称作"玺"，但平民百姓依然不能使用这个字。

唐代武则天时期，因武则天觉得"玺"和"死"读音非常相似，很不吉利，于是就把"玺"改成了"宝"。武则天死后，这个称呼又改回了"玺"。自此之后，皇帝的印章就一直称作"玺"了。

最早被称为"章"的印章是汉代的将军印。

历朝历代，人们对印章的惯常称呼非常多，比如"印章""印信""记""朱记""合同""关防""图章""符""契""押""戳子"，等等。

古代玺印

在古代，玺印可以看作权力和地位的象征。因此，按照惯例，战场上虏获的玺印应一律上交；官吏迁职、死亡，也都必须将玺印交还。

古代时候，战争较为频繁，所以很多玺印在其主人流亡或殉职时遗失。还有一些较为特殊的传世玺印，如吉语印、肖形印等，通常是作为殉葬品，不会在日常生活中使用。因此，现在很多流传下来的古代玺印，是从古城废墟、河流或古墓之中发掘出来的。

古代的"押印"与"封泥"

商周时期，但凡是作为宗庙祭器的古青铜器，都刻有"亚"字形的纹饰，这些纹饰可能是用于装饰的，也可能还具有"防伪"功能。故而，后人才将"亚"字假借为"押"字，用以称呼具有凭信功能的"押印"。

押印初现于唐宋时期，成熟风行于元代，故而又称"元押"或"元戳"。元押以长方形居多，上面镌刻楷书姓氏，下面则镌刻八思巴文[1]或花押，有一定的凭信和防伪效用，为人们沿用；明清时期的

1　八思巴文：忽必烈时期，元朝国师八思巴所创制的蒙古文字。

入印文字以篆书为主。

封泥，也叫作泥封，它是用印后遗留的印记，主要用来防止信件等物件被人私拆。这种保密方式最初产生于战国时期，流行于秦汉。魏晋之后，纸张、绢帛逐渐代替了竹木简，封泥也逐渐被人们所弃用。

古印的钮制

古人有"佩印"之说，后来也借指任命官职。

古代的玺印大多都是有钮的，人们通常会在钮上穿孔，然后以系绶佩挂在腰带上，这就是古人佩印的方式。

从汉代开始，帝王百官所使用的印钮就被严格地区分开来，比如高级官吏通常使用龟钮，而驼钮、蛇钮则常见于兄弟民族的官印。

中国历朝历代的钮制形式非常丰富，最常见的有坛钮、鼻钮、覆斗钮。

纸的历史

有人说，纸的历史，就是一部人类文明史。它是人类最为倚重的文化载体，是文明的传承工具，在人类文明发展的历程中扮演着极其重要的角色。

纸张出现以前，人们最早是采用绳结来记事的。后来发明了文字，人们便用龟甲和兽骨来镌刻文字，以做记录，这就是历史上的"甲骨文"。青铜出现之后，青铜器又成了文字的新载体，这就是"金文"或"钟鼎文"。再后来，人们将字刻到竹简、木片甚至石头上，如历史上著名的"石鼓文"。

纸的出现大大方便了人们日常生活记事，为文化的传播立下了卓著功勋。故而，纸被后人誉为中国古代的四大发明之一。

中国是最先发明纸张的国家，而这位天才般的纸张发明者，就是东汉时期的蔡伦。相传蔡伦的学生孔丹后来又发明了宣纸，这是我国古代文人在文化活动中最常使用的纸种。

宣纸的制作工艺非常复杂。在当时，从进料到做出成品宣纸，有时需要花费一两年的时间。

按照加工方法的不同，宣纸可以分为生宣、熟宣两种；按照用料配比的不同，宣纸又可分为棉料、净皮、特种净皮三类。通常来说，生宣更适合写意画，而熟宣则更适合工笔画。

◀ 石鼓文

第四辑

衣食住行

清明节

清明节，又称踏青节、行清节、三月节、祭祖节，它既是24节气之一，又是中华民族传统的祭祖节日，可谓兼具了自然与人文两大内涵。

清明节节期恰好在仲春与暮春之交，正是最适合郊游踏青的时候。在我国，早在春秋战国时期，就已经有了清明踏青的习俗。

过去，每到清明时节，家境富裕的人们都会带着美酒与美食到野外踏青，游玩赏春，以祈求来年不生脚疾，这一活动又被称为"踏春"。若是在农村，人们则会准备小米饭、豆饼、干饭，喂养马、骡、牛、驴等家畜，犒劳它们这一年的辛劳，故而民间有"打一千，骂一万，但等寒食管顿饭"的说法。

"插柳"是清明节的一项重要习俗。人们认为，柳条能顺阳气、迎吉祥、避邪祟，所以在这一天，家家户户会折下柳条，然后插在门框、窗沿、房梁、床铺席后等地方。许多老太太还会手持柳条敲打墙壁、灶间、席后、床下，一边敲打一边高声念着："一年一个清明节，柳枝单打青帮蝎，白天不准门前过，夜里不准把人蜇。"

清明还是扫墓祭祖的日子，故而民间又将清明节称为"鬼节""冥节"。每到这一天，人们扛着铁锨，带着祭拜的香烛、烧纸和供品等，去给祖先上坟。摆上供品，焚纸燃香，叩拜祭奠，再给坟头除除杂草、添添新土，最后在墓顶放一张"压坟头纸"，据说这样做相当于给祖先修葺屋子，以免夏天"房顶"漏雨。

为什么会有清明扫墓的习俗呢？这大概是因为，清明时节正值冬去春来、万物复苏，总要去瞧瞧先祖的坟茔有没有遭到狐狸兔子穿穴打洞。而且，雨季来临之前总该做些准备，以免坟茔因暴雨的来临而坍塌。

除了以上所述种种之外，清明还有斗鸡和吃蛋的习俗。此外，打马球、放风筝、荡秋千、斗鸡、拔河，等等，也曾是清明时节颇受人们欢迎的活动。只是，随着社会的变迁，有些习俗已经消失，有的活动仍旧保留至今，并被赋予了新的内容。

端午节

端午，又称重五、重午，是我国民间传统的四大节日之一。

端午节中，"端"就是开始的意思，每个月都有三个"五日"，而端午节就在开头的第一个"五日"；按照天干地支的排列，"午"指的就是"五月"，所以，每年的五月初五就是端午节。唐朝时，因为唐玄宗的生日是八月初五，为了避讳，"端五节"的称呼就正式改成了"端午节"；又因为午时正是一天中阳气最旺的时刻，所以端午节也被称作是"端阳节"。

在端午节这一天，按照民间习俗，每家每户都要在门前插艾，然后喝雄黄酒，以驱灾避邪、攘毒去瘟。

关于端午节的起源，同样众说纷纭。目前流传最广的一种说法是，端午节是纪念战国时期的著名爱国诗人屈原的节日。屈原投汨罗江而死，闻讯而来的人们纷纷划船去打捞他的尸体。为了不让江中的鱼啃食屈原的尸体，百姓们都纷纷将粽子投入江中喂鱼。

据说这就是端午节时吃粽子习俗的来源。

龙舟竞渡的起源

《淮南子》和《易经》等书曾提到过舟楫制造的原理。可见，我国的先民很早就已经掌握了造船的技艺。而在中国的船文化中，最具特色且影响最大的，就是"赛龙舟"。那么"赛龙舟"起源于何时，又具有怎样的文化内涵呢？

关于赛龙舟的起源，说法非常多，其中流传最广的一种说法，就是为了纪念屈原。

后来，百姓们争相划船打捞屈原的行为便演变成了竞渡。每年五月初五，屈原投江的这一天，人们用举办龙舟赛事来纪念他。

另一种说法同样认为源于东周时期。相传，楚国有个叫伍子胥的人，他的父兄均被楚平王所杀。于是，伍子胥只身去了吴国，投靠了当时吴国的公子阖闾，并帮助他登上王位，成了吴国的王。后来，伍子胥带领吴兵攻打楚国，当时楚平王已经死了，伍子胥便掘墓鞭尸，为父兄报仇。

阖闾死后，王子夫差即位，举兵伐越，越王勾践奉上美人求和。

▲ 端午节赛龙舟

伍子胥劝说夫差，力主灭越，反而惹怒夫差，终被吴王赐剑自杀。伍子胥非常失望，他已经预见了吴国灭亡的未来。临死之际，他对下属说："我死之后，便将我双目挖出，悬挂于城门之上，让我亲眼看着越军攻入都城。"

夫差得知此事后非常愤怒，令人将伍子胥的尸首投入江中，那天正是五月初五。后来，吴国果然被越国攻灭。后人想到伍子胥的遭遇，唏嘘不已。为纪念伍子胥的忠贞，每年五月初五，人们便以赛龙舟的形式来祭奠他的忠魂。

关于赛龙舟的起源，还有很多不同的说法。有人说这是史前图腾社会遗俗，还有人说这是春秋时期越族传统。但不管这项活动源自何处，说到底都离不开古代先民们制舟、操舟的学问和本领。

重阳节

九月正是菊花盛开之时，故而人们又将九月称为"菊月"。古人爱菊，尤其是文人墨客，他们在历史上留下了无数咏菊抒怀的名篇佳作。

九月最重要的一天当数重阳节。所以，重阳节也理所当然地成了赏菊的好日子。在这一天，按照习俗，人们会赏菊、饮菊花酒。

据史料记载，魏文帝曾给钟繇写过一封书信，里面有这样一句话："九月九日，草木遍枯，而菊芬然独秀，今奉一束。"由此可见，三国时期已经有这样的习俗，君王通常会在重阳节当天赏赐菊花，供大臣们佩戴。

宋代时，在重阳节这一天，有的酒馆客栈会用各色菊花扎成花门，以期吸引顾客。顾客离开的时候，还可以自己摘一朵菊花，簪于帽上。

清代时，名门大户大多会在重阳节这一天举办盛大的菊花会或菊花宴。

赏菊饮酒必然离不开吟诗作赋。东晋著名诗人陶渊明就最爱菊，在他的许多诗里都能寻到菊的痕迹，有"采菊东篱下，悠然见南山"，有"秋菊有佳色，裛露掇其英"，有"芳菊开林耀，青松冠岩列"，有"酒能祛百虑，菊解制颓龄"……陶渊明对菊的欣赏与喜爱由此可见一斑。

酿酒的传说

酒文化在我国的传统文化中占有极其重要的地位。古人爱酒，无论是文人赋诗、画家作画，还是武师打拳，总也离不开酒。

那么，酒究竟是何时出现的呢？

民间传说，夏朝（一说周朝）人杜康就是酿酒的宗师，故而有诗云："杜康造酒刘伶醉，刘伶一醉就三年。"有人认为，杜康和刘伶其实都是九天之上的酒仙人。直到今天，杜康和刘伶依然是"酒"的代名词。

史书记载，酿酒最早见于夏禹时期。相传夏禹的公主命一个名叫仪狄的人制酒，酒酿成之后，大家都觉得很好喝，便将酒献给了禹。禹喝后却觉得，酒虽然好喝，但会使人乱性，并不是什么好东西，便对众人说："后世必定会有因酒而亡国之人。"后来，禹下令禁酒，并疏远了仪狄。

虽然如今依然不能确定，酒究竟由何人发明，但根据种种史料，我们至少可以推断，酿酒一事早在夏朝，甚至是夏朝以前就已经存在了。而且，在目前出土的夏朝文物中，已经发现了酿酒的器具。

我国著名考古学家吴其昌先生就酿酒一事提出了一个非常有意思的观点。他说："我们的祖先一开始种植稻黍，就是为了酿酒，而不是做饭……所以，吃饭这件事，其实是从酿酒中'附带'出来的。"

竹林七贤

魏晋时期，有名士阮籍、嵇康、山涛、刘伶、阮咸、向秀和王戎七人，合称"七贤"。因其常常齐聚山阳县竹林之下喝酒纵歌，故而又有了"竹林七贤"之称。

刘伶是"竹林七贤"中较为疯狂的酒徒。据《酒谱》记载，刘伶常常随身带着一个酒壶，一边乘坐鹿车，一边饮酒。他还吩咐自己的随从随身带着挖掘工具，哪天他途中身亡，就地掩埋即可。

刘伶曾写过一篇骈文，名为《酒德颂》，大致内容是：

我行无踪，居无室，幕天席地，纵情任性，不管是停还是走，都要提着酒壶来饮酒。不管其他人怎么说，我完全不在意。别人越说，我偏要越饮越多，喝醉了便大睡，醒过来也继续恍恍惚惚、迷迷糊糊，哪怕一个惊雷从天而降，我也听不见，哪怕泰山就在我眼前，我也看不见。我不知道天气的冷热，也不晓得世俗的利欲。

刘伶的这篇骈文，其实反映了魏晋时期文人的普遍状态。当时社会动荡不安，国家政权长期分裂，许多文人为躲避统治者的迫害，只能借酒浇愁，以酒避祸，喝醉后便发发牢骚，发泄一下对时政的不满，日子过得甚为荒唐。

其实，在"竹林七贤"中，还有一个比刘伶更加疯狂的酒徒，那就是阮咸。据说阮咸每次和人饮酒，都要用大盆，根本不用酒杯，也不使用任何酒具。大家就这样席地而坐，直接用手从盆里捧酒喝。

▲ 《竹林七贤图》

有一次，一群猪凑过来饮酒，阮咸不仅没有赶走它们，反而兴致勃勃地凑上去，与猪共饮。

酒能成事，也能误事

在历史上，因喝酒而误事甚至误国的例子多不胜数。比如春秋时期，楚共王与晋国一战，就完全毁于醉酒。

当时，楚军与晋军战于鄢陵。一开始，晋军占了上风，把楚军打得节节败退，楚共王的眼睛也中了一箭。虽开局不利，但楚共王并没有气馁，他决定趁着晋军初战告捷、沾沾自喜之际，让司马子反率军前来支援，打一个绝地反攻，只要时机把握得好，必然能够反败为胜。

可没想到，楚共王虽有妙计，司马子反却因喝醉了酒，根本没法前来和他商定计策。最终，楚共王只得被迫撤退。而子反被楚共王责罚，后自杀。

因酒误事的例子很多，那么，因酒成事的例子你见过吗？

有一次，齐桓公喝醉酒，把自己的帽子弄丢了。要知道，那不仅仅是一顶帽子，更是他尊贵地位的象征。因此，酒醒之后，齐桓公觉得非常羞耻，一连三天罢朝，不肯面见大臣们。

那时候，恰逢齐国闹灾荒，百姓们快吃不上饭了。可偏偏国君不上朝，没人决断这件事。没办法，被齐桓公任命为卿的管仲只得自作主张，开仓放粮，救济灾民。

因为这件事情，民间流传着一首民谣：齐桓公啊，你为什么不再丢一次帽子啊！

茶的起源

　　中国的茶历史源远流长，早在战国时期，中国人就已经开始饮茶了。到南朝梁武帝时，茶叶开始向域外输出，世界各国的茶文化，都是那时起从中国直接或间接流传过去的。

　　日本是最先受到中国茶文化影响的国家。729年，茶叶首次传入日本。805年，日僧最澄到浙江天台山国清寺学佛，他将茶籽和茶叶的种植技术带回日本，并在台麓山地区进行种植。

　　1610年，荷兰商人从中国购入茶叶，辗转运输至欧洲各国。从此，茶成了世界性的饮品。

　　1780年，东印度公司正式从广东引进茶籽，种于加尔各答植物园。

　　1883年，俄国从湖北羊楼洞购买茶籽，并在尼基特植物园内种植。

　　至20世纪80年代，在全世界范围内，已经有50余个国家和地区开始种茶产茶。

　　早在6世纪之前，中国就已经出现了关于茶的记载。再者，1961年，我国云南勐海发现一棵大茶树，树龄已经有1700年了，这棵大茶树也是迄今为止所发现的世界上年纪最大的茶树。

　　如今，已经有科学家通过研究茶树的自然分布和地质变迁得出了确切的结论——茶树的根就在中国滇西南。

神农与饮茶

中国有三皇五帝之说，神农氏就是上古传说中的"三皇"之一。汉族民间将神农氏奉为神，尊称其为"神农大帝"。有学者认为，神农氏与苗族或许有些渊源。

相传神农是农业和医药的发明者。他是上古时期的一位部落领袖，以木材制成耒、耜等农具，教人们如何种植农作物。他还曾为了救人治病而尝遍百草，被誉为中华民族的医药之祖。"神农尝百草"的典故就是源自这里。

《神农本草经》中记载："神农尝百草，日遇七十二毒，得茶而解之。"

传说神农的身体是透明的，一眼望去就能将五脏六腑都看得清清楚楚。所以他可以通过"尝"草药来确定药物的功效，随时监测药物在脏腑中的情况。有一次，神农偶然尝到一种绿色的叶子，叶子入腹后，五脏六腑如同被洗涤过一般干干净净，这种绿色的叶子就是茶叶。

还有一种说法是，神农在尝百草时吃下了一株有毒的金色滚山珠，正

▲ 神农塑像

奄奄一息地靠在大树上休息时，忽然闻到一股十分清新的气味。神农循着气味找过去，见到了几片嫩绿的叶子。神农不知这是何物，拿起一片放入口中咀嚼，只觉得这味道苦涩中又带几分清香回甘。神农吃下叶片后，只觉神清气爽，舌底生津，中毒的症状也慢慢减弱了。后神农将这种树叶命名为"茶"。此后，茶便被人们用作药物、祭品，以及制作食物和饮品的原材料。

喝茶原是"吃茶"

《水浒传》第二十四回中有两段描写：

婆子暗暗地喜欢道："来了！这刷子当败！"且把银子来藏了，便道："老身看大官人有些渴，吃个宽煎叶儿茶如何？"西门庆道："干娘如何便猜得着？"

王婆接了这物，分付伴当回去……这王婆开了后门，走过武大家里来。那妇人接着，请去楼上坐地。那王婆道："娘子，怎地不过贫家吃茶？"

读到这里，很多人可能会产生这样一种疑问：茶不是用来"喝"的吗？为什么要说"吃"茶呢？

其实，在我国古代，茶叶最初主要作为药用，一直到4世纪左右，茶才普遍被人们当成饮品来饮用。

我国古代之所以将喝茶称为"吃茶"，主要和早期制茶、饮茶的方式有关。在唐朝之前，饮茶的目的只有两种，即药用和解渴。那时候，人们还没有泡茶的概念，而是直接把鲜茶叶放到锅里熬成汤喝。

后来，由于鲜茶叶不方便储存和运输，于是有人制出了干茶。不过那时候的干茶制作非常简单，只是将茶叶晒干而已，没有任何加工。

到唐代时，"茶圣"陆羽开始大力推广饼茶及其饮法，使得饼茶风靡一时。此后的五六百年间，饼茶在茶叶界独领风骚。

饼茶，也称团茶。在制作这种茶叶时，制茶人要先将采摘下来的鲜茶叶放入釜中蒸煮，再用杵臼捣碎，拍成茶饼之后，再将其串起来烘焙风干，然后封存。当时，这种饼茶也被人们称为"龙凤团茶""蜡面饼茶"或"研膏"。

饮用饼茶时，要先将茶饼研磨成末，再用纱绢做的罗筛筛出极细的茶末，随后把茶末放于釜内，以滚水煎煮。品茶时主要有三个步骤：咂嘴、嚼末、渍舌。所以也叫作"吃茶"。

"吃茶"从唐代开始流行，直到明代才迎来转折性的改变。明洪武二十四年（1391）九月，明太祖朱元璋下诏，罢贡龙凤团茶，改为御贡茶芽，也就是我们今天说的"散茶"。散茶取代饼茶之后，泡茶的方式也就由煎煮改成了冲泡。

文成和亲与茶叶

公主或宗室之女和亲的例子在中国历史上已是屡见不鲜。唐太宗时期，文成公主远嫁吐蕃和亲，堪称和亲的典范。

吐蕃，中国古代藏族政权名。公元7到9世纪存在于青藏高原。唐人对这一政权的称谓，在吐蕃政权崩溃后，宋、元、明初史籍称青藏高原及当地土著族、部为吐（土）蕃或西蕃（番）。

▲ 文成公主雕像

吐蕃人主要以游牧为生，但也种植青稞和荞麦等农作物。7世纪中叶，吐蕃首领松赞干布统一了青藏高原，吐蕃国力日益壮大。

唐代之前，吐蕃与中原没有任何往来。唐太宗贞观十二年（638），松赞干布突然举兵攻打大唐的边城松州。那时候，唐朝国力强盛，松赞干布根本无法与之抗衡，于是对唐朝俯首称臣。

松赞干布对唐朝的强盛钦羡不已，在上书谢罪的同时，特地提出了联姻的请求。经过一番深思熟虑，唐太宗答应了松赞干布的求婚，并从宗室之中选出了一位通晓诗书的女子，册封她为文成公主，送往吐蕃和亲。

641年，文成公主携带着丰富的嫁妆和大量书籍、乐器、绢帛以及粮食种子嫁入吐蕃，除了随侍陪嫁的仆从婢女之外，文成公主还带了一批文士、乐师和农技人员。此外，文成公主还将茶叶带到了吐蕃，从而使原本不产茶也不喝茶的藏族变成了后来"宁可三日无油盐，不可一日不喝茶"的民族。

"茶圣"与《茶经》

相传唐朝开元年间，复州竟陵龙盖寺住持智积禅师收留了一个三岁的孤儿。智积禅师为这个孤儿占了一卦，得卦辞为："鸿渐于陆，其羽可用为仪。"意思就是说，鸿雁落到了陆地上，它的羽毛可以作为吉祥的饰物。于是，智积禅师便为这个孩子取名为陆羽，字鸿渐。这个陆羽就是后来闻名于世的茶叶祖师——被尊为"茶圣"的陆羽。

智积禅师喜欢茶，也擅长品茶，而在他身边长大的陆羽自然也受到了一定的熏陶。据说陆羽从小在煮茶方面就特别有天赋，智积非陆羽煮的茶不饮，后来，陆羽离开龙盖寺去他乡云游，智积禅师便再也不饮茶了。

此事后来传入宫中，唐代宗也听说了。他不信此事，便把智积禅师传到宫里，让宫中最擅长煮茶的人给智积奉茶。谁知，智积禅师端起茶后，只尝了一口，便放下不喝了，怅然叹息道："真想念徒儿陆羽煮的茶啊！"

其实，唐代宗早就命人将陆羽偷偷叫到了宫中。听到智积禅师的感叹后，唐代宗示意左右将陆羽煮的茶端了上来。结果，智积禅师竟一连饮了三碗，心满意足地称赞道："不错啊，真像徒儿陆羽煮的茶啊！"

当然，传说只是传说，未必真有其事。但不可否认的是，陆羽和他所著的《茶经》对中国茶文化的贡献确实不容小觑。唐肃宗时，陆羽隐居苕溪，写成《茶经》，全文3卷，10篇，但内容十分全面，涉及了与茶相关的各个方面，堪称是一部茶道百科全书。

品茶先鉴水

《煎茶水记》是唐人张又新的著作，其中记述了一个关于"茶圣"陆羽鉴水的故事：

唐代宗时期，湖州刺史李季卿来到维扬，也就是今天的扬州，恰巧遇到了"茶圣"陆羽。

李季卿喜茶，对陆羽更是一向倾慕，便很高兴地邀请他说："陆君，你善于品茶，天下闻名，这里的南零水又特别好，二妙相遇，真是千载难逢啊！"于是便命令军士到江中取了一些南零水。

在军士取水的时候，李季卿已经熟练地将各种品茶器具摆放妥当了。水送来后，陆羽先用杓在水面一扬，说道："这水虽是扬子江水，但却并非南零段的，应该是临岸之水。"

军士赶紧说道："很多人看见我乘舟深入南零了，不敢虚报。"

陆羽却一言不发，端起水瓶将水倒掉了一半，然后又用水杓一看，说道："这才是南零水。"

军士大惊失色，急忙认罪说："我确实取了南零水，但当时行至岸边，由于船身晃荡，不慎洒了半瓶水。因担心水不够用，这才掺入了岸边的水，没想到竟被您一眼看穿了。"

听闻这话，李季卿与数十位来宾都惊呆了，无不为陆羽高超的鉴水之技折服。

无独有偶，冯梦龙的《警世通言》中也记载了一个关于鉴水的故事，只不过这次鉴水的主人公是王安石。

据说王安石晚年罹患痰火之症，吃了不少药，却一直难以根治。后来，太医院的太医便建议他饮用阳羡茶，并再三强调，一定要用长江瞿塘中峡水来煮茶。

当时，苏轼与王安石同朝为官，恰巧苏轼又是蜀地人，王安石便托他帮忙带一瓮瞿塘峡中峡水回来。

很快，苏轼亲自携水来见王安石。王安石让人将水瓮抬入书房，亲自擦干净后，取了一只定窑白瓷碗，在其中放了一小撮阳羡茶。稍等片刻，至水如蟹眼时，急忙取水注入碗中，过了一会儿，碗中的茶色才泡出来。

王安石见状，问苏轼说："你这水是从哪里取的？"

苏轼答："自然是巫峡。"

王安石又问："是中峡吗？"

苏轼答："自然是。"

王安石却笑道："又来欺老夫！这明明是下峡的水！"

苏轼大为吃惊，这才把事情和盘托出。原来当时坐船路过三峡，他沉浸于沿途的美景，一直到了下峡才想起王安石的嘱托。可当时水流非常湍急，很难再回返，于是只得在下峡取水冒充了。

说到这里，苏轼疑惑地问王安石："三峡相连，不管是中峡水还是下峡水，不都一样吗？你究竟是如何分辨出来的？"

王安石道："上峡水性急，下峡水性缓，唯有中峡的水是急缓相伴，恰到好处的。烹这阳羡茶，若是用上峡水，那么味道会太浓；若是用下峡水，那么味道则太淡；只有用中峡水，才能煎煮得恰到好处。方才我看这茶色半天才显现出来，便知晓这是下峡之水了。"

"竹炉"煮茶

性海是明朝初年无锡惠山听松庵的住持，当时颇有盛名，受人敬重。性海酷爱饮茶，平日闲暇之际便常常上山汲取山泉，煮茶自娱。

性海认识一个非常擅长制作竹器的浙江湖州人。此人对他说："我知道您酷爱饮茶，我用竹子给您制作茶具，您意下如何？"

听完这话，性海顿时来了兴趣，他亲自设计了一个"圆上而方下，高不盈尺"的茶炉。茶炉制成之后，一直为性海所用。

从以上事例就能看出，明代时，竹制茶具还很稀罕。

在明代，用"竹炉"煎水煮茶虽然尚未流行，但并非绝无仅有。明初谢应芳的一首《煮茗轩》中就写道："午梦觉来汤欲沸，松风初响竹炉边。"

如金似玉紫砂壶

紫砂茶具最早出现在北宋末年，明代正德年间最为兴盛。

相传在明正德年间，宜兴进士吴颐山在金沙寺里攻读诗文，偶然看到寺中的和尚在生产紫砂壶。吴颐山觉得很有意思，便偷偷淘了一些细土制坯来仿制。后来，经过刻苦的钻研，吴颐山的制壶手艺突飞猛进，成了当时颇负盛名的制壶高手。

供春是吴颐山身边的小书童，据说当年供春在寺中学艺，曾看到寺里的一棵古银杏树结有树瘿。供春觉得十分有趣，便模仿树瘿的造型，用手指捏出形状，然后再用茶匙将内部掏空，做成了几把"树瘿壶"。

独树一帜的"树瘿壶"令人耳目一新，受到当时社会上流人士的喜爱与赞叹。人们将其称为"供春壶"。就这样，供春从一个小书童，一跃成了中国历史上第一位有名可考的制壶大家。

▶ 紫砂茶壶

供春壶闻名遐迩，但却存世极少，故而历代都属于极为名贵的物件，令无数藏壶名家竞相搜求。民间还有"供春之壶胜金玉"之说。

那么，与其他材质的壶相比，紫砂壶究竟好在哪里呢?

众所周知，陶器是人类最早使用的一种器皿，须先由泥土制坯，然后烧制而成。紫砂壶实际上就是由紫砂陶土烧制的茶壶，是目前世界公认质地最佳的茶具。

除了良好的品质之外，中国的紫砂壶也非常重视造型设计和装饰，不仅融入了诗、书、画、印等方面的文化内涵，还集雕、琢、捏、塑、贴、绞、堆、绘、喷、嵌、釉、漆、镶、包等诸多技巧为一身。其造型千姿百态，色彩精致华美，具有非常高的艺术价值。

六必居的传说

　　想吃酱菜？那必须去六必居走一遭！

　　六必居在哪里？北京前门外！

　　六必居是驰名中外的一家北京老字号酱园，始建于明嘉靖年间，是真正的"百年老店"，其创始人是山西临汾西社村的一家三兄弟——赵存仁、赵存义和赵存礼。

　　六必居名字的由来非常有意思。

　　很多人听说过这样一句俗话："开门七件事：柴、米、油、盐、酱、醋、茶。"老百姓认为，这七件事是人们在日常生活中必不可少的。赵氏兄弟当初开店的时候，店铺里除了茶之外，其他几样几乎都卖，所以这家店便取名为"六必居"。

　　还有一种解释是，所谓"六必"，指的是六必居店员必须严守的六条规矩，即"黍稻必齐，曲蘖必实，湛之必洁，陶瓷必良，火候必得，水泉必香"，这也正是六必居商号能够在京城立足并且长盛不衰的"秘诀"之一。

　　六必居老字号的牌匾是明朝大学士严嵩亲笔题写的。明朝时，六必居门后往北走就能到西河沿，那儿有个三府菜园。当时，大学士严嵩府中的厨子经常会到菜园和酱园采购东西，正是他牵线搭桥，严嵩才给酱园题了"六必居"三个字。

　　但据说现在六必居门脸悬挂的牌匾已经不是严嵩当初题字的那

一块了，而是一个学徒仿写的。这又是怎么回事呢？

那大概是康熙年间的事了。那时候，六必居酱园不慎走水，结果严嵩题字的牌匾被火烧了。当时东家非常着急，这可不是块普通的匾，是严嵩亲笔题写的匾啊，别人也写不出来，这可怎么办呢？

就在这个时候，一个学徒走了出来，对东家说道："没事，我那儿有字样，要不您看看？"按照当时的传统，无论是酱园子还是油盐店，学徒们都写得一手好字，书法是一项必学技能，因为他们平时需要手写菜单。这个站出来的学徒，原先就十分喜欢严嵩所题的字，每天闲时便会照着那字样临摹，反复誊写"六必居"三个字。日积月累，还真让他练出了几分意思。

学徒展示了自己练的字样，东家一看，喜出望外，这字写得与严嵩所题的简直太像了，几乎以假乱真！于是，东家便让那学徒仿照严嵩的字重新题了"六必居"。因此，如今六必居挂的牌匾其实已经不是严嵩的真迹了，而是那学徒仿写的。

六必居可谓北京酱园中历史最悠久、声名最显赫的一家，它有12种传统招牌产品：稀黄酱、白糖蒜、甜酱瓜、铺淋酱油、甜酱萝卜、甜酱黄瓜、甜酱甘螺、甜酱黑菜、甜酱仓瓜、甜酱姜芽、甜酱八宝荣、甜酱什香菜，皆深受百姓欢迎。

在管理方面，六必居有几条非常经典的规矩，值得企业借鉴：第一，任何人都不能超支或长支店内资金，对外经营时坚决不欠债；第二，店内有"三爷"不用，即少爷、姑爷、舅爷。正是凭借其精良的产品和严格的管理，六必居才能在这500年间立足京城、享誉中外。

男不拜月，女不祭灶

我国民间素有"男不拜月，女不祭灶"的说法，这到底是什么意思呢？

所谓"男不拜月"，是指男人不会像妇女那样"拜月"。"拜月"是农历七月初七的一种习俗，相传这天正是牛郎与织女一年一度银河相会的日子，民间又称"女儿节"或"乞巧节"。这天晚上，女人要摆设糕点水果，点燃香烛，向月亮祷告，希望自己也能拥有像织女一般的巧手。这就是所谓的"拜月"。

所谓"女不祭灶"，说到底还是一种性别歧视。

在中国民间传统中，灶神的地位是比较高的。早在夏朝，他就已经是百姓所尊奉的大神之一了。因此，民间祭祀灶神也是一项非常热闹的大活动。但有的地方却禁止妇女参与祭灶。据说灶王爷是个长得十分俊秀的"小白脸"，人们担心女性参与祭灶会有"男女之嫌"。

伍子胥与"年糕"

伍子胥是春秋时期的名将，原本是楚国人。父兄被楚平王所杀后，他逃亡至吴国，帮助吴王阖闾夺位，之后又如愿率军攻入楚国国都，报了血海深仇。

伍子胥对吴王和吴国一直都忠心耿耿，但自从吴王之子夫差继位之后，伍子胥的日子就不太好过了。夫差并不信任伍子胥，甚至可以说处处防备着他，后来还听信谗言，赐剑与伍子胥使其自杀。

临死前，伍子胥留下遗言，告诉身边的下属们："待我死后，若是国家有难，百姓吃不上饭，你们就到城门底下去挖，那里可以找到吃的东西。"

后来，越王勾践率军攻破吴国，城中军民百姓全都断粮无食。就在这个时候，一位下属突然想起了伍子胥临终前的话，便按照提示来到城门口，真的挖出了许多糯米制成的"砖"，可以用来充饥。就这样，在这批"粮食"的帮助下，吴国军民渡过了危机。

此后，每逢过年，吴国百姓都会吃年糕来纪念伍子胥。

第五辑

军事体育

亦真亦幻指南车

大家都知道指南针，那么你是否听说过指南车呢？

相传4000多年前，南方有一个部落名为九黎。这个部落的成员都十分强悍，铜头铁额，身躯犹如猛兽，以沙石为食，战斗力非常强大。他们的首领名叫蚩尤，强大好战，野心勃勃。

有一次，蚩尤率领部族抢占了炎帝一族的领土。炎帝不忿，率部抵抗，结果却被蚩尤杀得一败涂地。最后，炎帝只得率领残余部族，逃到涿鹿去向黄帝寻求帮助。黄帝早已听过蚩尤的名号，知道他是一个"危险分子"，当即联合其他几个部落，集结人马，在涿鹿与蚩尤大军展开激战，这就是历史上有名的"涿鹿之战"。

据说在这次大战中，黄帝放出了熊罴、貔貅、虎等猛兽助战，九黎部落虽然凶悍，但遇上这群猛兽，也是力有不逮，很快就溃败而逃。黄帝领兵紧随其后，乘胜追击。就在这个时候，忽然之间天地变色，狂风大作，浓雾弥漫，黄帝大军被困在迷雾之中，遍寻不见出路。

原来，蚩尤眼看不敌黄帝，便请了"风伯雨师"前来助战，想要将黄帝大军困死在迷雾之中。但没想到黄帝竟丝毫不惧，并且搬出指引方向的"指南车"，带领大军顺利走出迷雾。最终，蚩尤兵败，被黄帝处死。

有人认为，所谓的"指南车"其实就是指南针，并且以此为据，声称指南针其实是黄帝发明的。但传说并不足为据，更何况，指南针的发明确实与黄帝毫无干系。

据史料记载，历史上确实有人发明过指南车。比如东汉时代的科学家张衡，他就根据传说造出过指南车，可惜他的制造方法早已失传；三国时代的马钧据说也曾造过指南车，他所造的指南车体积很大，上面站着一个木头人，无论马匹拉着车朝哪个方向走，木头人的右手会一直指向南方。

马钧所造的指南车虽然与指南针作用差不多，但所用原理却是完全不同的。指南针是利用地球自身的磁场来辨别方向的，而指南车则完全依靠精巧复杂的机械来运作。

在指南车的车厢里，中央是一个太平轮，木头人就站在太平轮上头。太平轮的两边有很多小齿轮，车子转动方向的时候，就会带动小齿轮，小齿轮又带动太平轮，让太平轮往相反的方向转动。也就是说，只要在开动指南车之前，让木头人的右手指向南方，那么之后无论车子怎么转向，木头人的右手都会始终指向南方。

▶ 指南车模型

窃符救赵

《史记》中记载了这样一个故事：

战国时期，秦军重兵围困赵国国都邯郸。当时，魏国信陵君的姐姐嫁给了赵惠文王的弟弟平原君，于是便写信向魏安釐王和信陵君求救。魏安釐王收到消息后，命老将晋鄙率领十万大军援救赵国。但思来想去，魏安釐王又惧怕秦国的强大，于是又下令让大军暂缓行动，驻守观望。信陵君得知此事后，便找到了魏安釐王的宠妾如姬，让她帮忙从魏安釐王的卧室内窃得虎符。之后，信陵君携虎符而去，亲率魏军大破秦军，顺利解救了邯郸。

信陵君之所以能掌管魏军，关键就在于他手中所持的虎符。那么这个"虎符"到底是什么东西？为什么它会有这么大的威力呢？

虎符一般是古代皇帝用来调兵遣将的兵符，最早出现于春秋战国时期。当时的虎符是青铜制成的虎形，背面刻有铭文，一分为二，

▶ 虎符

右半保存在朝廷，左半由统领兵马的将帅或者地方长官保管。需要调动兵马时，朝廷会发放相应的虎符作为调兵遣将的凭证，虎符对上号，还须附以文件，才能调动军队。

通常来说，虎符专符专用，一地一符，一块虎符只能调动一个地方的军队，绝不可应用于多方。

历朝历代的虎符，在形状、数量、刻铭以及尊卑等方面都有很大不同。比如汉朝，虎符都是铜制的，骑缝刻铭以右为尊；隋朝改虎符为麟符；到了唐朝，因为虎犯忌讳，时人便将虎符改成了鱼符或兔符，后来又改成龟符；南宋时恢复使用虎符；元朝用的则是虎头牌。之后，虎符渐渐演变成铜牌。

赤壁遗址

赤壁是著名的古战场，想当年，刘备与孙权联手大破曹军，战场就在赤壁，史称"赤壁之战"。

赤壁遗址主要由三座小山组成，即赤壁山、南屏山和金鸾山。三山起伏相连，苍翠如海，亭台楼阁隐现其间，景色十分秀美。

在赤壁山的西南方临江处，有一块乱石滩，江水湍急，怪石嶙峋，浪花拍打岸边，声如巨雷。许多文人骚客曾到此处凭吊，留下了众多的传说和诗篇。

赤壁山的崖壁上刻着两个楷书大字 ——"赤壁"。二字近旁，有诸葛亮、刘备、关羽和张飞的画像石刻。

南屏山顶有一处拜风台，传说这里就是当初诸葛亮"借东风"的七星台遗址。

金鸾山腰有一处凤雏庵，相传庞统曾经在此隐居，庵内还供奉着庞统的塑像。

"赤壁"二字的由来

据《湖北通志》记载：赤壁山临江矶头有"赤壁"二字，乃周瑜所书。

▲ 三国赤壁古战场

　　东汉建安十三年（208），孙、刘联军借助风势，火攻赤壁，葬送了曹操20余万大军。曹操惨败，率残余部众狼狈逃回邺城。东吴大军却在赤壁高奏凯歌，把酒庆功。

　　庆功宴上，周瑜酒到酣处，拔剑起舞，随即用剑在悬崖的石壁之上刻下了"赤壁"二字，铁画银钩，气势恢宏。传说周瑜这一剑，直接穿透了万重山，字迹一直印刻到庐山，据说如今到庐山，还能找到反写的"赤壁"二字呢。

　　这当然只是民间传说，周都督再厉害，也只是一介凡人，哪至于一剑穿透万重山！那么，历史上"赤壁"之名究竟由何而来呢？

　　据说汉高祖时期，沙羡县设立，县令梅赤上任之后就对境内的山川河流开展调查，并依照朝廷的旨意来为那些无名之地命名。

　　比如中央有一座山，属金，便命名其为金紫山；金紫山往东60里，取二十八星宿中东方七宿的"亢"为"石亢"；金紫山往南60里，取二十八星宿中南方七宿的"柳"为"柳林";金紫山往西60里,取二十八星宿中西方七宿中的"奎""觜"为"奎觜";金紫山往北60里,取二十八星宿中北方七宿中的"壁"为"赤壁"。

秦始皇兵马俑

1974年春，西安附近村镇的一个农民正在打井，突然挖出了一些状似人头的碎片。该农民大惊失色，定睛一看，却发现这些碎片原来是陶俑。那时候，这个农民还不曾想到，自己的这一发现，究竟会为人类历史和文明带来什么！

此事很快就引起了考古专家的注意，随后，一座规模宏大的博物馆在此拔地而起，这就是西安地区赫赫有名的秦始皇兵马俑博物馆。

兵马俑坑距离秦始皇陵有1225米，目前共发现了三个坑。其中，一号坑就是当初农民打井时发现碎片的那片区域，二号和三号坑则是由考古团队通过钻探发现的。

在这三个坑中，一号坑最大，长230米，宽612米，总面积达14万余平方米。坑中共有6000余个真人大小的兵马俑，形貌各异，栩栩如生，着实令人为祖先的智慧和技巧折服。

兵马俑的排列也是非常讲究的。前三列横队面向东方，每列有70个武士俑，应当属于军阵中的前锋部分。前锋之后紧跟的是步兵和战车，其中有纵队38路，每路长约180米，应为军阵的主体部分。左、右两侧分别排有一列南北朝向的横队，每队有180个武士俑，应当是军阵的两翼部分。此外，西端还有一列武士俑，应该是军阵的后卫部分。这些武士俑，有穿着战袍的，有披着铠甲的，手中拿着

▲ 秦始皇兵马俑

的武器都是实实在在的青铜器。放眼望去，这些兵马俑仿佛一支组织严密的队伍，穿过遥远的时空，战马的嘶鸣犹在耳侧。

这些兵马俑具有极高的历史价值和艺术价值。它们是以现实生活为基础创作的雕塑作品。看着这些兵马俑，人们仿佛能够跨越时空，亲眼见证先秦时期那威武雄壮的虎狼之师。同时，它们也是雕塑艺术的瑰宝，具有鲜明的个性与强烈的时代特征，是中华民族古老文化的见证，也是世界艺术史上光辉灿烂的一页。

汉代兵马俑

目前，我国境内发现的大规模兵马俑有：秦始皇兵马俑、咸阳杨家湾汉兵马俑以及徐州的狮子山汉兵马俑。

徐州兵马俑的发现和秦始皇兵马俑的发现一样，也是机缘巧合。那里原本是一家砖瓦厂的取土地，然而就在某一天，随着推土机的一声轰鸣，已经沉睡地底 2000 余年的徐州兵马俑终于出现在了世人面前。

徐州兵马俑是汉代兵马俑，与徐州的汉墓、汉画像石并称为"徐州汉代三绝"。

按照汉时制度，只有立下过特定功勋之人才有资格使用兵马俑

▲ 西汉彩绘兵马俑

陪葬，而且须得到皇帝首肯。因此，但凡是能有资格享受兵马俑陪葬待遇的人，生前地位必然十分显赫。

以古时候的技艺来说，想要制作出一批形态各异、栩栩如生的兵马俑，绝对不是一件容易的事。有专家经过研究和计算发现，仅是制作一批兵马俑所需用到的模具，就有9组73件之多，可见工程之浩大。

与秦俑相比，汉代的兵马俑更加"写意"。简单来说，相比人物的线条和比例，汉俑更侧重于展现人物的精神风貌和内心世界。汉代兵马俑不仅为后人留下宝贵的历史资料，同时也是中国雕塑史上一个伟大的奇迹、一部永恒而美丽的篇章。

七小长城

　　长城是中国古代用来抵御外敌、监察敌情的军事防御工程，我国的万里长城则被人们称作"世界上最长的墙"。

　　长城的修筑历史，最早可以追溯到春秋战国时期，后来一直延续到明代，2000余年间，各个政权一直都在不停地修筑长城。如今，除了明代竣工的长城主干线之外，我国现存七段汉代以前各诸侯国自行修造的小长城。至今这些小长城遗址仍旧存在。

　　那么，这"七小长城"分别在哪里呢？

　　穆陵齐长城：战国时候由齐国修筑的长城，约45千米长，位于山东省沂水县城北50千米穆陵关西侧。

　　华阴魏长城：魏长城是我国最早的长城，在战国时是秦、魏两国的分界线，长约150千米，起于陕西华阴山北麓，向北延伸，穿过韩城到达黄河边。

　　烧锅营子燕长城：战国时期由燕国建造的长城，长约7千米，位于辽宁建平张家湾村。

　　围场古长城：燕、秦长城遗迹，东西长达200余千米，坐落在河北围场县岱尹上村附近。

　　宁夏战国秦长城：战国时期秦昭王为"拒胡"而修筑的长城，主要在宁夏西吉境内，还有一部分延伸到甘肃镇原。

　　临洮秦长城：秦始皇统一六国之后所修筑的长城西部起点，南北走向，高约1米，为黄土结构，位于甘肃北部临洮。

疏勒河汉长城：也称外长城，是中国保存最完好的汉长城之一，长约150千米，位于甘肃西北疏勒河南岸。

帝王的甲胄

古代军人上战场打仗时，为了保护自己，避免受伤，需要穿戴一些具有防护作用的坚硬衣服，古人将其称为"甲胄"。

甲胄的最大作用就是防护，因此材质越坚硬越好，做工越精致越好。考虑到资源匮乏、生产力低下等情况，自然不可能军中人人穿上好的甲胄，普通士兵的甲胄肯定无法与将军的铠甲相提并论。

古代的帝王有时也会亲临战场，所以他们自然也有自己的甲胄。帝王的甲胄，无论材质还是做工，必然都是最上等的，既不能太重，也不能太厚，且须具备较好的保护效果。此外还得便于行动，做工样式也得精细别致 —— 这样的甲胄才配得上帝王身份。

北京故宫博物院里就收藏了一套清代的金银珠云龙纹甲胄，乃是乾隆皇帝的甲胄。

这套甲胄由约60万块小钢片连接而成，每块钢片长约4毫米，宽1.5毫米，厚1毫米，上有小孔，便于穿线连接。甲胄周身缠绕16条龙，穿行于云朵之间，姿态曼妙，栩栩如生。据说，为了打造这套甲胄，工匠们一共花费了4万多个小时。

木牛与流马

《三国演义》中有这样一个情节：

诸葛亮与司马懿交战。为了节省人力、便于运输，诸葛亮制造了"木牛"和"流马"两种运输工具。这些木牛、流马不仅不需要进食，还能昼夜不停地干活，使用起来非常便利。

司马懿知道这件事后，就派间谍从诸葛亮那边抢了几匹回来，然后让工匠们研究仿造了2000多匹。有了木牛、流马之后，运输果然方便了许多，运送粮草的车队往来不绝。

诸葛亮见时机成熟，便派了几个人扮成魏军，混入司马懿的运粮队，偷偷将木牛、流马口中的舌头机关打开，木牛、流马当即停止运作，再也不动了。就在魏兵束手无策之际，500名蜀国士兵扮成神鬼模样，突然冲了出来，一边燃放烟火，一边带走所有木牛、流马。魏兵吓得魂不附体，还真以为对方有鬼神相助。就这样，诸葛亮从司马懿处截获了不少粮草。

很多人都以为，《三国演义》中的木牛、流马不过是作者的杜撰而已，因为它们实在被描述得太神奇了。但事实上，诸葛亮确实制造过木牛、流马。虽然它们不像《三国演义》中描述的那样神奇，但也确实充当过运送米粮的工具。

那么，历史上的木牛、流马究竟是什么东西呢？对此，人们曾有过诸多猜测。

　　有一种说法认为，木牛、流马实际上就是经过诸葛亮改良的手推车；另一种说法则认为，木牛、流马都是当时比较先进的自动机械；还有一种说法则认为，木牛、流马其实就是四轮车与独轮车。

　　究竟哪一种说法更贴近事实呢？至今，人们也没有确切的答案。

世界上最早的大炮

《水浒传》中有这样一段描写：

> 且说凌振把应用的烟火、药料，就将做下的诸色火炮并一应的炮石、炮架，装载上车；带了随身衣甲盔刀行李等件，并三四十个军汉，离了东京，取路投梁山泊来。到得行营，先来参见主将呼延灼，次见先锋韩滔，备问水寨远近路程，山寨险峻去处。安排三等炮石攻打：第一是风火炮，第二是金轮炮，第三是子母炮。先令军健整顿炮架，直去水边竖起，准备放炮……

这里提到的凌振，是梁山108将中的一员，绰号"轰天雷"。在小说中，他是宋朝的第一个炮手，擅长制造火炮。他所制造的火炮，射程有十四五里，威力也非常大，小说中这样描述道："石炮落处，天崩地陷，山倒石裂。"

当然，这只是小说中的情节，与真实的历史必然存在一些偏差。毕竟《水浒传》的故事虽然发生在宋代，但作者却是明代人，作者创作时把很多明代的事都"张冠李戴"写进了书里。

比如，《水浒传》中的好汉喝酒时，动不动就掏出几两碎银子，但实际上，这种情况不太可能发生在宋朝。明代时，中国扩大了对外交流，外国的白银大量流入中国，所以明代人相对来说更富裕一些。宋朝时候的人必然不如明代人富裕，而且那时候银子非常值钱，恐怕爱酒的好汉们很难每次都掏得出几两碎银子。

大炮也一样。我国真正的填充炮弹的大炮，最早见于元代。而宋朝的"火炮"更像是把火药包放到抛石机上，再用抛石机将其丢向目标，算不上真正的大炮。

中国历史博物馆中收藏着一尊元朝时候的铜炮 —— 铜火铳，铸造于元至顺三年（1332）。这是现存最早有铭文的古铜火铳。

▲ 北京故宫博物院展出的古代大炮

唐朝的大炮

唐朝末年时，天下大乱，各地藩镇割据，战事频繁。

据古书记载，唐哀帝天祐初年，一个名叫郑璠的人在攻打豫章时，命令士兵用"发机飞火"烧了豫章的一座城门——龙沙门。

这"发机飞火"，实际上就是唐朝时期最早的"火炮"。以前古人打仗，通常都是近距离真刀真枪地搏斗，若距离较远，则可以使用弓箭或抛石机等兵器。

火药出现之后，军事家们就将它与抛石机"组合"到了一起，利用抛石机来"发射"点燃的火药，向敌人后方抛去。

威风八面的"震天雷"

汴京（今河南开封）是八朝古都，城池修建得十分坚固。宋理宗绍定五年（1232），蒙古军攻打汴京，准备与当时占据开封的金军决一死战。金军据守不出，利用汴京城高大的城墙做掩护，然后用弓箭远程攻击蒙古军。

面对这种情况，蒙古军用牛皮造出了一种名为"洞子"的攻城器具。这种"洞子"非常结实，金军的箭根本射不穿它，士兵们就藏在"洞子"里靠近城池，然后掘墙。

眼看弓箭已经无法对蒙古军造成伤害，金军便拿出了一种叫作"震天雷"的武器，吊在绳子上，沿城墙放下去。"震天雷"一到"洞子"跟前就爆炸了，把结实的"洞子"炸了个粉碎，威力十分惊人。

这"震天雷"到底是个什么东西呢？

其实，它就是一个生铁铸的罐子，里头装上火药，外面接一根长长的引线。这种武器最初是和抛石机搭配起来使用的。士兵计算好目标的远近之后，点燃引线，再用抛石机将其发射出去。射中目标时，引线正好燃尽，点燃铁罐里的火药，造成爆炸。因其爆炸时声响巨大，震撼天地，故而得名"震天雷"。

说起来，金军的火药技术，还是向宋朝学来的。北宋末年，金军南侵，与宋军在战场上多次交锋，在这个过程中，金军逐渐掌握了宋军制造火药及火药武器的方法。可以说，战争在很大程度上推进了火药和火药武器的改进与发展。

宋朝的火药武器

北宋初年，生产力的发展促进了手工业的繁荣，武器制造技术也不断改进。宋太祖开宝三年（970），一个名叫冯继升的人将制造火箭的方法进献给宋朝廷，并从朝廷那里得到了嘉奖。

早在火药问世以前，古人其实已经发明过一种火箭：在普通的箭头上绑一个装有油脂等易燃物的麻布包，用火点燃，然后发射。但这种火箭的燃烧力度不强，作战时的破坏力也非常有限。

冯继升发明的火箭，其实就是把这种火箭的油脂改成了火药，再加上引线。这样一来，火箭的威力和破坏效果大大提升。

等到了宋真宗咸平三年（1000），又有一个名叫唐福的人向朝廷进献新的火药武器。这次的武器有三种，即火箭、火球和火蒺藜。火球和火蒺藜其实就是火药包，只是火蒺藜中除了普通的炸药之外，还装了一种形似菱角、上有尖刺的铁器，即"铁蒺藜"。这样一来，火药爆炸燃烧的同时，里面的铁蒺藜也会在巨大的冲力作用下四散射出，对周围的敌人造成巨大伤害。

在频繁的战争推动下，北宋时期的火药应用十分广泛。宋朝廷还在开封建了一个规模很大的兵工厂，叫作"广备攻城作"，其中就包括了一个专门制造火药的作坊，名为"火药窑子作"。

据说在宋神宗元丰六年（1083），北宋军队为抵御西夏军队的入侵，曾一次性领取了25万支火箭，可见当时武器制造产业的规模之大。

宋朝的火枪

南宋时期，随着火药使用的普及，火器也得到了进一步的发展。尤其是在金国入侵的阴影之下，很多军事家、发明家都在想方设法地改进武器。火枪就是在这样的背景下面世的。

那是宋高宗绍兴二年（1132）的时候，军事家陈规利用竹竿和火药，发明出了一种名叫火枪的管形武器，这称得上是中国火器史上的一大进步。

陈规发明的火枪与后世的火枪并不是一回事。陈规的火枪是将火药填充到长竹竿中，打仗时须由两人手持，瞄准目标后点火发射，火枪便会喷出火焰，灼烧敌人。

这是我国最早的管形火器，比起之前通过抛石机发射的火药，火枪最大的进步就在于提高了命中率，并且可以更好地控制火药的起爆。

火枪面世后不久，又有人在其基础上发明了突火枪。制作突火枪需要将火药和一种叫作"子窠"（可能是子弹）的东西混合，一并填充到粗毛竹筒里面。点火发射后，突火枪一边喷出火焰，一边发射"子窠"。突火枪发射的时候还会发出炮击一样的声音。

火枪只能喷出火焰烧人，但突火枪在喷火的同时还能射出子弹，比火枪进步了许多，它更接近后世的火枪。

"神火飞鸦"

自从火药面世，我国的火器就持续不断地改进和发展。

比如最早的火箭，只是在箭头上装载了火药包，使用时依然和原始的弓箭一样，需要依靠人力才能发射。后来经过数次改进，人们发明出了利用火药力量推进的火箭：在箭上装载一个纸筒，里面填充火药，尾部加引火线。火药燃烧时，尾部会喷射出一股猛烈的气流，利用气流喷射的反作用力，火箭就能快速向前发射。

明代时，为了增强火箭的威力，有人把数十支火箭绑在一起，并将所有引线合成一条。这样一来，使用时只需点燃总引线，数十支火箭就能同时发射出去，威力自然远远高于单支火箭。

当时，还有人从风筝上得到启发，用竹篾扎成鸟形竹篓，然后在鸟内部填满明火火药。前后装鸟头、鸟尾样。这种武器发射之后能飞翔百余丈远。鸟落地，燃烧的火线引起鸟内部的火药爆炸。如果鸟落在陆地上，爆炸的火药可以将敌人的军帐点燃；如果降落在水面上，则可以焚烧敌军的船舶。这种新武器被命名为"神火飞鸦"。

明朝的两级火箭

明朝时，火药技术取得了非常大的进步，原始的两级火箭就是在那时发明出来的。

当时的原始两级火箭名为"火龙出水"，用毛竹五尺，去节、刮薄，前用木雕龙头，后雕龙尾，分安于筒首末；其腹内装火箭数支，药线总汇于龙头上端药眼处，分开通连于筒底。"龙身"由一根大约五尺长的大竹筒做成。"龙身"前后各插两支大火箭，这就是第一级火箭，主要用于推动"龙身"飞行；"龙腹"中也装有火箭，这是第二级火箭。发射的时候，第一级火箭先"工作"，推动"龙身"飞出两三余里，然后引火线点燃装在"龙腹"中的第二级火箭，第二级火箭便从"龙口"中飞翔而出，焚烧敌人。

明代时还有一种非常厉害的火箭，发射出去之后还能原路飞回，这种火箭叫作"飞空砂筒"，可以说是明代技术水平最高的火箭。

"飞空砂筒"，其实就是在竹竿两端各绑上一个装有细砂和炸药的小筒，再以一正一反的方式在竹竿上捆绑可以"起火"的东西。使用时，用竹溜一具装填箭身以定向。发射时，点燃使箭起飞之药筒引信，箭飞去，刺于敌船篷帆、营具上，爆竹筒喷射火焰、细砂以攻敌，同时延及点燃另一药筒，火箭便又向后飞回。火箭后飞由于无定向装置，很难飞回本营发射地。但足以使敌恐慌和再次杀伤。不得不说，我国古代劳动人民的智慧真是令人惊叹。

十八般武艺

人们夸一个人武艺高强的时候，往往称赞他"十八般武艺样样精通"。那么，这"十八般武艺"指的到底是哪十八般武艺呢？

"十八般武艺"这一说法最早出现在元代杂剧《薛仁贵》《敬德不伏老》中，当时泛指各种武艺，"十八"并不是实数。

元代杂剧《逞风流王焕百花亭》也提到过"十八般武艺"："若论着十八般武艺，弓弩枪牌、戈矛剑戟、鞭链挝锤。"

施耐庵的《水浒传》中也有过类似说法："那十八般武艺：矛锤弓弩铳、鞭简剑链挝、斧钺并戈戟、牌棒与枪杈。"

刀、枪、剑、戟、棍、棒、槊、镗、斧、钺、铲、耙、鞭、锏、锤、叉、戈、矛，即所谓"小十八般"。

明代谢肇淛在《五杂俎》卷五记载："十八般：一弓、二弩、三枪、四刀、五剑、六矛、七盾、八斧、九钺、十戟、十一鞭、十二锏、十三挝、十四殳、十五叉、十六耙头、十七绵绳套索、十八白打。"即所谓"大十八般"。

百兵之祖与百刃之君

在各类武术器械中，刀是最为流行的一种，又有"百兵之祖"之称。

刀的种类非常多，常见的就有长柄大刀、长柄朴刀、短刀、双刀等。此外，还有一些比较少见的刀种，如八卦刀、三尖两刃刀、麟角双刀等。不同形状的刀，练法也不相同，故而与之匹配的刀法也十分丰富，常见的刀法有太极刀、六合刀、梅花刀和八卦刀等。

虽然与刀配套的武艺种类繁多、风格各异，但总体来说，它们具备一些共同点，比如迅猛剽悍、敏捷有力，故而武术界常常用"刀如猛虎"来形容刀法的特性。

能与刀并驾齐驱的武器当数宝剑。自古以来，剑一直都是武术界最受欢迎的武器之一，被誉为"百刃之君"。

剑同样也分很多种类，如单剑、双剑、双手剑、反手剑、短穗剑、长穗剑，等等。与剑配套的剑法也不少，常见的有武当剑、太极剑、峨眉剑、青萍剑、昆仑剑、少林剑、螳螂剑等。

虽然剑术种类繁多，但总体离不开点、劈、刺、崩、撩、挂等基础招式。剑术最突出的特点就是潇洒飘逸，所以自古就有"剑如飞凤"的说法。

先秦时代的剑崇拜

先秦时代，尚武崇剑。对于那时的人们来说，剑不仅是一种较为先进的武器，更是古老尚武传统的象征。

《越绝书》记载了这样一件事：

晋国与郑国联合发兵，围困了楚国的都城。一连三年，楚国都未能成功解围。

楚王有一宝剑"泰阿"，为著名的铸剑师干将和欧冶子所铸。有一天，楚王带着泰阿宝剑登上城楼，亲自挥舞宝剑，指挥士兵作战。就在这时，奇怪的事情发生了，原本早已萎靡不振的楚军忽然间士气高涨，一举将晋郑联军打得"三军破败，士卒迷惑，流血千里"。一夕之间，三年围困居然就此解除。

楚王虽然很高兴，但也是百思不得其解，便询问大臣风湖子："剑就是个铁东西，难道还能振奋兵士的精神吗？"

风湖子回答说："世界上确实存在铁兵之神，而且它与'大王之神'是相通的，所以大王你亲自拿着剑一挥，我军的士气就大涨。"

当然，这只不过是一个传说。但从这个传说也能看出，古代人们对"剑"这种兵器的确抱有某种敬畏之情。他们认为，"剑"本身携带的威灵有着难以想象的强大力量。

斧类兵器

《水浒传》第四十回"梁山泊好汉劫法场　白龙庙英雄小聚义"中有这样一段描述：

> 又见十字路口茶坊楼上一个虎形黑大汉，脱得赤条条的，两只手握两把板斧，大吼一声，却似半天起个霹雳，从半空中跳将下来，手起斧落，早砍翻了两个行刑的刽子，便望监斩官马前砍将来。

熟悉《水浒传》的人想必已经看出来了，这段话描写的人物就是有"黑旋风"之称的梁山好汉李逵。李逵其人，性情暴躁、耿直豪爽，惯用兵器是"两把板斧"，与他的性格、气质可谓十分相配。

古书史籍对斧类兵器的记载非常少，但古典小说中使用斧类兵器的角色却是比较多的，《三国演义》中就有惯用斧的武将。

那么，历史上真的有人使用斧类兵器吗？还是说这只是小说作者的杜撰？

斧的起源其实是非常早的，远古时期的原始人就曾做过石斧。商朝时出现了铜斧，斧上还雕刻着精美的图案，不过这种斧并非兵器，而是一种仪仗用器。到了周朝时，斧主要用于砍伐，乐舞的仪仗中也有斧类器具。

虽然斧一直都不是主流兵器，但历朝历代都有惯用斧的人，尤其是那些生活在北方地区的民族，他们就比较偏好斧类兵器。大概是因为斧类兵器舞动的效果比较粗犷、豪壮，且有劈山开岭的威武气势。

根据一些典籍的记载可知，隋、唐时期有大斧、凤头斧；元代则喜小斧、大斧和宽体大斧；清代有双斧，斧柄仅有尺余，斧刃较小，不用时可插于腰间，作战时使用非常灵活。

中国武当派

中国武术有四大门派：少林、武当、峨眉、南拳。其中，武当被公认为内家之宗。很多武侠小说都讲述了武当派的故事，比如金庸先生的《倚天屠龙记》，其中很大一部分内容都与武当有关。

那么，武当是如何开宗立派的？武当的拳法又有什么样的特点呢？

提起武当，很多人都会想到张三丰。有人认为，张三丰就是武当派开宗立派的宗师。相传张三丰原本是北宋末年武当山上的一名道士，后来应宋徽宗之召入京，途中不幸遇到贼人。当夜，元帝入梦，向张三丰亲授拳法。第二天，张三丰便孤身一人与百余贼人相斗，一路势如破竹，如有神助。后来，他便创立了内家拳派武当派。

还有一种说法：张三丰其实是少林弟子出身，精通少林五拳十八式。后来，他将这套拳法与长拳十段锦相融合，创造了与少林风格大相径庭的新拳法，独树一帜，最终开创武当派。

历史上确实存在张三丰这个人，他原名叫张全一，又名张君宝，三丰是他的道号，因为他总是一副不修边幅的邋遢样，所以人们也称他为邋遢道人。但张三丰具体生活在什么时代，这就无人知道了。有人说他是宋代人，有人说他是金代人，还有人说他是元代人。而他之所以会和武当派扯上关系，只是因为他在道教传说中十分出名罢了，所以才会被推出来，被人尊为武当派的祖师爷。

▲ 张三丰画像

武当派始于明代。那时候，明成祖朱棣刚刚登基，他推崇武当道教，调集了30万民工，历经13年时间，在武当山上修建了33处建筑群，包括八宫、二观、三十六庵堂、七十二岩庙等。直到如今，登上武当山，人们仍旧能看到紫霄宫正殿梁上留有的字迹——"大明永乐十一年（1413）、十二年圣王御驾敕建"。此外，三天门绝壁上还有四个蔚为壮观的大字——"一柱擎天"。

可以说，武当道教的辉煌是自明代开始的，武当的武术门派也是在这一时期产生的。

据史料记载，最早传授内家拳的人是王宗，他来自陕西。后来他将内家拳传授给了温州人陈州同，陈州同又传给张松溪。之后，武当派在张松溪手中发扬光大。

武当派拳法最大的特点是强筋骨、运气功。它强调内功修炼，讲究以静制动，以柔克刚，以短胜长，以慢击快，以意运气，以气运身，偏于阴柔，主呼吸。

武当和少林一样，最初都以地域来命名，但到后期，这些门派的规模和影响力早已远远超出了原来的地域范围。如今，武当已经成了一个广泛的概念，泛指一切主静、主柔、出自玄门道教的武功派系，不仅仅限于武当山，就像少林也并非仅指一座少林寺一样。

枪扎一线，棍打一片

枪被誉为"兵中之王"，它具有灵活敏捷、变化多端的特性。

枪是从长矛演化而来的，故而两者有许多相似之处。枪的种类非常多，有大枪、花枪、双头枪等，每种枪都有其独特的配套武艺，耍弄起来变化迅疾、吞吐自如，给人以刚柔相济、潇洒大方的感觉。

枪法主要以拦、拿、扎为主，还包括点、穿、挑、拨、扫等诸多招式。日常人们使用的枪，长度大约与人正身站立、手臂直举的高度差不多。

在各类武器中，棍可与枪齐名。棍是一切传统长兵器的原型。

棍的种类也同样很多，且风格迥异，各具特色，如齐眉棍、阴手棍、风魔棍等。通常来说，耍棍的技法总离不开劈、点、崩、扫、抡、戳、拦、撩等，其动作快速刚劲、力贯棍梢，耍弄时"呼呼"生风，气势勇猛、变幻莫测。

故而，人们总会用"枪扎一线，棍打一片"来形容枪和棍。

九齿钉耙

众所周知，《西游记》中猪八戒的惯用兵器是一柄九齿钉耙，这件武器与猪八戒的形象气质可谓十分相配。

通常来说，耙往往作为农具而非兵器出现。相传，神农发明了耙，让人们用以耢地，播种五谷。耙的历史非常悠久，几乎与弓、弩、矛、盾出现的时间相差无几。最初的耙是木质的，直到春秋战国出现铁器之后，耙的耙头才改成了铁齿。

那么，猪八戒的九齿钉耙究竟是作者为他"量身定做"的假想武器，还是历史上真实存在过的呢？

事实上，在很早之前，古书记载的"十八般兵器"中是有耙的。可见，古人确实曾将耙用作兵器，甚至可能还有与之配套的武艺。

耙用作武器其实并不奇怪，首先，它有齿，可以筑击；其次，它齿上有盘，后接长柄，类似兵器谱中的"锐"，可以冲击；最后，它带有长柄，能够挑格肘击。从它变化多端的攻击方法就能看出，耙确实有成为一件优秀兵器的潜力。

武术的"八法"

中国传统武术有"八法",即手、眼、身、步、精神、气、力、功,这八个要素构成了中国武术的关键。

"手"即手法,手法要敏捷有力,手臂挥出要如流星一般轻快,这样打出的拳法才有寸劲。

"眼"即眼法,要做到眼随手动,目随势往,明快锐利。

"身"指身体躯干的运动方法,躯干的运动主要有闪、展、转、冲、撞、挤等动作。

"步"即下肢的步法,必须做到快而稳,不掀脚,不拔跟,而且不能受上肢运动的影响。

"精神"即练武时的意念和气质,是精气神的外在体现。

"气"指练武时的呼吸,人在运动时,对氧的需求会增大,所以,在练武时,呼吸的配合也是非常重要的。

"力"即劲力,简单来说,就是动作过程中用力和发劲的方法,有明劲、暗劲和刚劲、柔劲之分。

"功"即功夫,是身体素质和技巧的综合体现,也称作"功底"。

"八法"涵盖了人体的上肢、头部、躯干、下肢、精神、呼吸、力量、技术等各个部分,强调了人体练武时"内"与"外"的配合。

可见,练武不仅仅是外在身体的各种动作,同时也包括意识、

精神、劲力以及各内脏器官机能的协调和配合。人们所说的"形
神兼备"，其实就是指人在武术中达到外在活动和内在活动的协调
统一。

刺客

最早的"职业刺客"大概出现在春秋末期。当时比较著名的刺客有晋国的豫让和吴国的专诸等人。

豫让是晋国人,当时的权臣知襄子曾对他有知遇之恩。后来,晋国内乱,赵襄子联合魏、韩两家杀死了知襄子,并将他的头颅做成饮器。

豫让得知此事后非常愤怒,决心要为知襄子报仇。他改名换姓,身藏匕首,躲在茅房之中,试图行刺赵襄子,可惜没能成功。赵襄子得知此事,感念于豫让的高义,便释放了他。

但豫让并未因此而放弃报仇,他将生漆涂在身上,吞炭烧毁嗓子,就连他的妻子也认不出他。随后,他装扮成乞丐,埋伏在赵襄子必经的桥下,可惜行刺再次失败。

赵襄子被豫让的忠诚所感动,脱下自己的衣服交给豫让,成全他的复仇之心。豫让手握匕首,对着衣服连刺三下,高呼:"我总算对得起知伯了!"随后伏剑自尽。

吴国的专诸也是位豪杰义士。

当初,伍子胥从楚国逃亡到吴国,途中与专诸相识。伍子胥认为,专诸是身怀大义的勇士,便与他交好,还将他推荐给吴王僚的堂兄公子光。公子光非常看重专诸,对他很好。

其实,公子光一直有夺位的野心。公元前516年,楚平王去世,吴王僚发兵伐楚，公子光知时机已到，便将刺杀吴王僚的任务交给了专诸，承诺会帮专诸照顾他的老母和幼子。

于是，公子光设宴，邀请吴王僚饮酒，吴王僚带了许多侍卫前来赴约。宴中，公子光以足疾复发为借口暂时离席，冒充厨师的专诸趁机从鱼腹中掏出剑，刺死了吴王僚。随后，专诸也被侍卫所杀。公子光就这样成了吴国的新王，也就是历史上著名的"春秋五霸"之一吴王阖闾。

春秋末期的"职业刺客"与后世所认知的"刺客"有一定区别。这时候的"职业刺客"们其实就是一批不图富贵、品行高义、身怀武艺的民间武士，他们与某些权贵倾心相交，行事的目的也绝非名利富贵。他们知恩图报，奉行"士为知己者死"的信条。这是一种"侠"的品格，后世的"武侠"之风也由此开启。

武当八卦掌

武当八卦掌，原名"转掌"，也称"游身八卦掌""阴阳八卦掌""八卦连环掌"，是一种融合了攻防招式和导引方法，在绕圆走转之间施展的拳术。武当八卦掌的技法讲究纵横交错、随走随变，与《周易》中的"刚柔相摩，八卦相荡"相合。要学好这套拳术，关键在于学会随机应变、以变应变。

武当八卦掌以"易理"论述拳术运动规律，将和道教"转天尊"相类似的绕圆走转导引术与武术攻防之法相融合，形成基本的运动形式，从而创造出了这套"以动为本、以变为法"的拳术。

要学习武当八卦掌，站桩和行步是基础。练习走转时，足迹路线分为走阴阳鱼、走八卦图、走九宫等几种。施展八卦掌时，要充分发挥掌的优势，以掌代拳，施捶打之能；以掌代勾，行拔掳之巧。它不仅是一门武术，更是一门健身术。

关于武当八卦掌的起源，历史上有诸多说法。如今普遍认可的一种版本是，这套拳术的创始人是清代咸丰年间的董海川。

保镖与镖局

在脍炙人口的传统相声《大保镖》中有这样一段对话：

　　甲：我师父走了，我们的功夫可不能搁下，天天照样儿练。有一天我们哥儿俩正练着呢，有人叫门，打开大门一看，这个人手拿拜匣跟我打听："请问这儿有江米小枣的高足，白糖馅的吗？"我说："我是馅的，白糖的里边有，我给你拿去。"

　　乙：买粽子的？

　　甲：不是。我接过拜匣一看，里边有一请帖，北京前门外粮食店会友镖局李掌柜请我们哥儿俩保趟镖，你说去不去？

　　乙：去呀！

　　甲：我说："你先行一步，我们哥儿俩随后就去。"我们哥儿俩商量好了，转天收拾行囊包裹，带着随身家伙，直奔北京前门外粮食店。来到镖局子门口一看，老少英雄都出来迎接我们哥儿俩，都是三山五岳的英雄、四面八方的好汉，那真叫穿红的红似血，穿白的白似雪，穿黄的黄似蟹，穿黑的黑似铁，真叫奓脖梗，大脑瓜，奓腿肚子大脚丫，咳嗽都带二踢脚的——喷儿，叭！

　　乙：噢！

其中提到的"保镖""会友镖局"曾经出现在很多小说及影视作品中。那么，中国古代的"保镖"究竟是干什么的？"会友镖局"是一个什么样的组织？历史上是否真有其事呢？

众所周知，古时候交通非常不方便，社会也不是很安宁，随着生产力的提高，经济逐渐发达，各地之间的往来贸易也日益频繁。在这种情况下，许多身怀武艺的人便受雇保护或运送货物。这就是保镖的起源。

后来，随着市场需求的增大，保镖行业的规模逐渐扩大，有人便开始自立门户，储备交通工具，这就是最初的镖局。

古时候开镖局，首先要把当地台面上的人物打点清楚，然后下帖邀请官、私两方人士前来捧场，行话称之为"亮镖"。如果镖师人缘不好，那么"亮镖"的时候就可能会有人来"踢场子"。遇到这种情况，如果镖师没两下子，应付不了"踢场子"的人，那么日后就很难在行内立足了。

清代时，镖局非常发达，承接业务的范围也十分广泛，上至护送官员上任卸任、运送官方饷银；下至运送市贩货物、护送行人旅客、邮递汇款寄物。高门大户和大型商号甚至还会雇用镖局看家护院。

镖局的买卖称为"出镖"或"走镖"。每次走镖，都有一个经验老到、独当一面的镖头负责"押镖"，手底下再安排一些身怀功夫的镖师和手脚利索的伙计。货物通常锁在镖局特有的"镖车"里，车上则插着印有镖局标志的"镖旗"。途中要喊"镖号"，也叫"喊趟子"。

走镖途中，如果遇到状况，镖头下令"轮子盘头"，意思就是所有的镖车集中起来，围成一个圈，准备御敌。通常来说，不到万不得已，保镖的镖师是不会动手的。在那时闯荡江湖，武艺只占了一半，另一半还是得靠嘴里的"江湖话"，只有谈话解决不了问题时，才考虑交手。

保镖这行十分辛苦，每天破晓之前就得上路，路上得随时保持警惕，晚上住店甚至不能洗脸，因为需要长期在外行走，脸若洗得太干净，容易被风吹得皲裂。更重要的是，保镖是"卖命"的行业。光绪二十七年（1901），会友镖局承接了一项大业务——从保定往天津运送 10 万两现银，途中遭遇劫镖，总共 8 名保镖，半数因此遇难。

清朝末年，北京城里有"八大镖局"。会友镖局就是其中信誉最好、规模最大、经营时间最长的一家，店铺就在前门粮食店南头路西。此外，它还在南京、上海、西安、天津等地设有分号。

镖局这行的规矩和其他商号不同，镖师之间均是师徒关系。比如当时的会友镖局，就有师徒 1000 多人。一直到 1921 年，随着邮电事业的发展和交通工具的改革，会友镖局终于退出历史舞台。

▶ 明城镖局

足球兴于中国

《水浒传》中有一个叫高俅的人，他原本只是一个市井无赖，却因为足球踢得好，得到端王赵佶赏识，青云直上做了"殿帅府太尉"。当然，小说只是小说，虽然历史上也确实有高俅其人，但真实的高俅与《水浒传》中的高俅还是有许多差别的。

不过，"足球"却并非小说家的杜撰。事实上，在中国古代，足球是一项非常流行的运动，那时人们称这项运动为"蹴鞠"。当然，那时的蹴鞠和现在的足球还是差别很大的。

早在战国时期，蹴鞠就已经在民间流行开来了。汉代时，蹴鞠甚至成了一种训练士兵的方法。据说骠骑将军霍去病出征匈奴时，就曾在休战时期设立球场，亲自组织将士进行蹴鞠比赛。

到了宋代，蹴鞠运动就更兴盛了。古代名画《宋太祖蹴鞠图》描

◀宋朝蹴鞠纹青铜镜

绘的就是宋太祖赵匡胤和兄弟赵匡义、大臣赵普、石守信等六人一同蹴鞠的情景。宋徽宗赵佶观看宫女蹴鞠之后，专门写诗一首：

韶光婉媚属清明，
敞宴斯辰到穆清。
近密被宣争蹴鞠，
两朋庭际角输赢。

宋代的许多铜镜和陶器上都有描绘蹴鞠的图像。由此可见，在宋代时期，无论是帝王将相，还是平民百姓，都十分喜爱蹴鞠，这倒是与现代人对足球运动的痴迷如出一辙。

第六辑

习俗礼仪

九鼎与九州

相传上古时期，大禹治水之后，天下分为九州。大禹铸造了九尊大鼎，分别象征九州。从此，这九尊大鼎便成为政权与王权的象征，一直流传了下来。

楚庄王八年（前606），楚庄王讨伐陆浑之戎，一鼓作气直攻洛阳。当时，周定王派王孙满前去表彰楚庄王，楚庄王就问王孙满，当初大禹铸造的"九鼎"有多大，又有多重。楚庄王狼子野心，简直昭然若揭。

当时，王孙满没有直接回答这个问题，而是对楚庄王说道："夏兴盛的时候，铸造了九鼎，后来夏被商所灭，商又被周所灭。可见，只要本性美好光明，哪怕鼎不大，也重于泰山；反之，那么即使鼎再大，也轻如鸿毛。如今周室虽然衰微，但天命未改，这鼎究竟是轻是重，还轮不到你来问。"这就是成语"问鼎中原"的由来。

然而，据记载，秦国灭东周之后，并没有得到传说中的九鼎。《史记》记载，其实在九鼎运往咸阳的途中，其中一鼎不慎被风吹落，掉入江苏北部的泗水里了。后来，秦始皇东巡路过彭城（今江苏徐州），还特意命人去泗水中打捞，可惜并没有找到这尊鼎。还有古书记载：这尊鼎不是落进泗水了，而是落到四川的鼎鼻山去了，鼎鼻山的名字也由此而来。

但奇怪的是，如果只丢失了一鼎的话，九鼎应当尚余八鼎。可是，秦被汉灭亡时，秦王子婴只向刘邦交出了皇帝的玉玺，压根儿没提到鼎。此后，历史上再也没有出现有关夏鼎的记载。那么，鼎究竟去哪里了呢？

《战国策》记载，当初周朝得到九鼎时，9万人才能搬动一个大鼎，九个鼎足足需要81万人来搬。倘若这鼎真是如此沉重，又怎么可能轻易被风刮走呢？

夏代之前，我国确实已经出现了冶铜铸造的技术，也就是说，夏铸九鼎的说法未必不实。只是，这九鼎究竟下落何处，目前尚未找到确切的答案。

"东床"之称

我国古代的传统文化中，常常出现一些特定人物的"代称"，十分有意思，比如"岳父"称作"泰山"，"皇帝"称作"陛下"，"青莲"代指"李白"，等等。还有一个代称，大家应该也都很熟悉——"女婿"称作"东床"。

女婿的"东床"之称源于一个典故：

东晋时期，出身门阀世家的王羲之才名远播。有一回，当朝最有权势的太尉郗鉴派人来到王导家，打算给女儿选婿。王导便带人去了几个子侄住的东厢，让他好好打量家中几个适龄男青年。

那人回去之后，便回禀太尉："王家的那些少爷都是一表人才，只是他们听闻太尉大人要来选女婿之后，都有些矜持扭捏。只有一个人完全不为所动，一派闲适地躺在东床上，露着肚皮，还吃东西呢！"

结果，郗鉴一听，大喜过望，说道："这正是我的佳婿啊！"

郗鉴再一问才知道，原来那个躺在东床上吃东西的人就是王羲之，郗鉴就更满意了。之后，他果然将女儿嫁给了王羲之。女婿也有了"东床"这个代称，人们在夸赞佳婿时也会说"东床快婿"。

万灵之长——龙

在中国，龙具有特殊的象征意义。

龙是神话传说中的一种生物，能上天入地，还能吐水喷火。在《三国演义》中，"曹操煮酒论英雄"时就曾提到过龙：

> 龙能大能小，能升能隐；大则兴云吐雾，小则隐介藏形；升则飞腾于宇宙之间，隐则潜伏于波涛之内……

数千年来，龙都被人们视为中华民族的象征，影响了中国文化的各个领域。而究其本源，龙其实脱胎于上古时期的图腾文化。

上古时代，每个部落都会选择一种动植物或者多种组合来作为自己的图腾。人们认为，这种图腾具有某种神秘的力量，能够赐予人智慧与勇气，图腾文化便是这样产生的。

关于龙图腾的形成，据《史记·五帝本纪》记载，黄帝统一诸部落之后，从各个部落原有图腾身上各取了一部分，组合起来，创造出来了新的图腾，即为"龙"。从此，中原大地上的各个部落就拥有了一个共同的图腾，而"龙"也作为皇权的象征，一直流传下来。

历朝历代，皇权与"龙"脱不了干系。皇室的建筑、服饰、器物等几乎都是以"龙"为标志的。中国人也自称"龙的传人"。可以说，"龙"已经成了中国传统文化一个非常重要的组成部分。

从形象的演变看龙的起源

龙对于中国人来说有着极其特殊的意义。我们今天所看到的"龙"的形象，其实已经经过了千百年的演变，它和最初的"龙"有着很大差距。

人们普遍认为，龙起源于新石器时代，但当时龙的形象可谓千奇百怪：有的龙身躯粗壮，长嘴扁鼻，长得有些像猪；有的龙昂首弓背，眼眶和鼻子都向上凸起，看上去像鳄鱼；还有的龙身躯细长弯曲，无足无爪，与蛇无异……这些千奇百怪的形象都是彻底"定型"之前的龙的雏形。

龙形象的初步规范化大约发生在商朝。从甲骨文"龙"字的写法就能看出，那时候龙的形象与我们今天所见的龙已经十分相似。此外，商代的青铜器、玉器等器物上也都有龙纹的装饰。这时候的龙已经成了各种动物的结合体，拥有鸟、兽、鱼、虫等各种动物的局部身体特征。

龙的起源被认为与农业生产有关。众所周知，水是农业的命脉，在科技不发达的远古时期，人们都很渴望拥有控制水的能力，而这种希望便渐渐与神话传说相融合。早期的龙，其外形基本近似那些和水有关的爬行动物，有的龙甚至直接生活在水里，可见当时人们对水的渴求有多深。

在先民们看来，龙作为神物，必然寓意着美好，能够为人们带来好运。故而，龙与人们所渴望的水总是联系在一起。如今，龙文化已经深入中国社会的方方面面，不论身处世界的哪一个角落，每一个中国人都会记得自己是"龙的传人"。

龙与虎

在中国的传统文化中，龙常常与虎联系在一起，比如"龙吟虎啸""龙潭虎穴""生龙活虎""降龙伏虎""龙虎风云""龙盘虎踞""龙腾虎跃""龙韬虎略"等成语。此外，夏朝有"龙旗虎历"，唐朝有"龙虎榜"，金朝有"龙虎卫上将军"。形容周文王，用的是"龙颜虎肩"；夸赞刘邦，说他有"龙虎气"；赞誉诸葛亮，说他是"龙骧虎视"……类似的例子不胜枚举。

在神话传说中，龙与虎还是相对应的"四方之神"：东青龙，西白虎，南朱雀，北玄武。

那么，龙与虎究竟有什么渊源？为什么它们总被相提并论呢？

众所周知，龙被称为"百鳞之长"，是古人集合了鱼、鳄、蛇、猪、马、牛等动物和云、雷电、虹霓等自然天象而创造出来的神物。人们还赋予了龙许多不同的神性，如祥瑞、喜水、通天、善变，等等。

虎则被称为"山兽之君"。它与龙最大的不同，就在于虎是现实中存在的生物。古时候，虎一直威胁着百姓的生命安全和生活秩序。它不仅捕食其他动物，还会伤人、吃人，在民间造成了莫大的恐惧。而人往往都有"慕强心理"，强大的虎既使人恐惧，也令人敬畏甚至崇拜。

如此一来，虎就与龙一样，成了百姓心目中的"神物"。更何况，龙与虎，一个是"百鳞之长"，一个是"百兽之长"，如此"般配"，两者自然而然就被人们联系到了一起。

龙与虎虽然常常成对出现，但在传说中，它们的关系其实非常不好。

相传有一次，一只老虎到水潭边饮水。潭中有蛟龙，蛟龙认为老虎侵犯了自己的领地，于是愤怒地跳出水面，和老虎厮打起来。最终，老虎没能敌过蛟龙，被蛟龙吃掉了。对此，苏轼还作了一首诗，其中两句描述的正是这个传说："潜鳞有饥蛟，掉尾取渴虎。"

"二十而冠"与"十五而笄"

古人形容青年男子，常常会说"年方弱冠"；如果形容青年女子，则称"年已及笄"。这是什么意思呢？"弱冠"和"及笄"代表什么？

这其实和古代的传统有关。古代的士族青年会在年满20的时候举行加冠仪式，称"冠礼"，也称"束发"，类似今天的成人礼。举行过冠礼，就表明这个男子已经成年了，所以有"二十而冠"之说。而"弱冠"的意思就是这个人刚满20岁。

男子有成人礼，女子自然也有。

古代女子通常是不戴冠帽的，但她们头上也有很多饰物。按照礼制规定，女子15岁成年，成年之后，女子就要梳盘发，用黑色的巾帛裹住头发，然后插上笄和簪固定，这就是"十五而笄"。举行过及笄礼，就表示这个女子已经成年，可以出嫁了。

商代时，贵族已婚女子的头饰种类繁多，除了各种样式的笄和簪之外，还有用假发制作的"副""编""次"等。但那时候的女子佩戴头饰也需要严格遵循宗法礼仪制度。比如，公侯夫人的发笄上可以缀六件玉饰，士大夫之妻则只能使用一两件饰物，至于平民百姓，那就更不用说了。

与较为丰富的头饰相比，妇女们的服饰就比较单一了，通常都是一件上下连成一体的长袍，从脖颈一直遮到足踝。

西周的学校

中国最早的学校教育可以追溯到 3000 多年以前。西周时期，我国正处于奴隶社会末期，社会经济文化水平都有了较大发展。许多奴隶主贵族子弟已经不再从事生产，而是集中起来接受教育，这就是最初的学校。

当时，天子辖地与各诸侯国的都城都设有学校，分为大学和小学，统称"国学"。天子设立的大学称为"辟雍"，诸侯设立的大学则称"泮宫"。

通常来说，太子 8 岁就要进入小学读书，15 岁入读大学；而公卿大夫元士之嫡子则是 13 岁进入小学读书，20 岁再入大学。

此外，在地方上还设立有乡学，称为"庠"和"序"，《周礼》上记载："乡有庠、州有序。"

无论是国学还是乡学，在当时，都只为奴隶主贵族子弟服务，用以培养下一代的统治者和官吏。那时候，统治阶层垄断了几乎所有的文化知识与书籍文献，普通的老百姓根本没有机会读书，故而有"学在官府"之说。

古代人的起名习俗

对于古人而言，起名是一件非常郑重的事情，所谓"名不正则言不顺"。因此，在起名的时候，古人往往会从多方面进行考量，包括字的义、形、音等，希望通过一个好的名字来彰显自己的志趣、追求、抱负、排行等多方面的信息。

总结起来，古人起名的形式大概有以下几种：

一是表达对优渥生活和高贵地位的追求与向往，比如李广利、钱广、吴寿富、孙福寿等；或者对仕途的追求、对谋取功名的向往，比如唐殿魁、范新科、裴状元、许占魁等。

二是表达对伦理道德和成功立业方向的期望，通常这类名字常包含德、忠、孝、信、谦、仁、义等字，比如历史上的杨国忠。

三是表达对古代制度或人物的景仰，比如有一个名叫范学朱的人，字晦，意为景仰和崇拜朱熹。他名叫"学朱"，意思就是向朱熹学习，而朱熹的字也带有"晦"字，故而他也直接沿用了朱熹的字。

四是表达对长寿的渴望，比如毛延寿、李龟年、房玄龄，等等，都流露出了对于耄耋之寿的祈愿。

五是表达对消灾免病、逢凶化吉的祝愿，比如霍去病、司马消难、辛弃疾等。

主人何谓"东道主"

举行奥运会或世界杯这样的国际体育盛会时，新闻报道往往将主办国称为"东道主"；朋友在外聚会，抢着埋单的人往往说是"做东"。这种说法是怎么来的呢？

鲁僖公三十年（前630），晋文公与秦穆公联合，发兵围困郑国国都，郑文公走投无路，无奈向老臣烛之武求助。烛之武思索许久，决定身入险地，说服秦穆公退兵。当夜，烛之武便在城墙上放下粗绳，悄悄翻出城外，私自潜入了秦国军营。

当时，晋国与秦国是最强大的两个诸侯国，常常因为争权夺利而互相争斗。烛之武深深地明白这一点，见到秦穆公之后，便对他说："如今，秦晋联军一起围困郑国，郑国恐怕是保不住了。但大王可曾想过，郑国若是灭亡了，你们秦国也一点好处都得不到啊！从地理位置上看，郑国与秦国之间隔了一个晋国，贵国想越过晋国来掌控郑国，恐怕不大可能。到头来，好处全都让晋国给占了。晋国的力量每增加一分，就意味着秦国的力量削减一分啊！"

烛之武的这番话动摇了秦穆公攻打郑国的决心。烛之武继续说道："但是，如果您能力保郑国，那么郑国愿意成为贵国东方道路的主人，当你们的使者途经此处，若是他缺少什么，郑国必然会供应给他。对贵国而言，这难道不是更好的选择吗？"

最终，秦穆公被烛之武说服，与郑国签订了和约。晋文公得知此事之后，也只能选择退兵。就这样，烛之武靠一己之力挽救了郑国。

从地理位置上看，秦国在西，郑国在东，故而郑国对秦国来说就是东方道路的主人。"东道主"一词就源于这个典故，后来逐渐泛指所有招待客人的主人家了。"做东"一说也是由此演化而来。

第七辑

服饰器物

巧夺天工的"金缕玉衣"

20世纪40年代，我国考古团队在河北邯郸王郎村的汉墓中发现了一些玉石片，其上穿孔，还留有铜锈，但人们当时并不知道它的用途。

1945年，我国考古团队又在江苏睢宁九女墩的汉墓中找到了二三百枚玉石片，却依然不明白这些玉石片的用处。发现者将这些玉石片称作"珉玉牌"。

直到1958年，学术界才终于得出结论：这些神秘的玉石片很可能就是汉代典籍中记载的"玉衣"碎片。考古界立即接受了这一结论，但此时的人们依然无法想象，玉衣的全貌究竟是什么样子。

1968年5月，考古团队在河北省满城陵山发现了汉景帝刘启之

▶ 金缕玉衣

子、汉武帝的庶兄刘胜及其妻的墓葬。幸运的是，这两座墓葬都保存得十分完好。从这两座墓葬中，考古人员找到了无数的奇珍异宝，其中最令人赞叹的当数刘胜与其妻的殓服——金缕玉衣。

这次考古发现终于向世人揭开了"玉衣"的神秘面纱。经过专家的修复，两件保存十分完整的金缕玉衣还原了本来面貌：两件玉衣的总体轮廓外观贴合人体形状，分为头部、上衣、裤筒、手套和鞋五个部分。整件玉衣由无数正方形、长方形或梯形的小玉片组成，每枚小玉片的四角都穿有小孔，以金丝缀连，故而称为"金缕玉衣"。

刘胜的玉衣全长1.88米，共有玉片2498片，仅连接玉片的金缕就重达700余克。在那个科技不发达、全靠手工作业的时代，能够磨制出如此多的玉片、加工出如此细的金丝，可想而知，这其中耗费了多少的人力物力。而古代劳动人民的智慧也着实令人惊叹不已！

后母戊鼎

　　提起青铜器，必然会说到"后母戊"大方鼎。它是一尊巨型大鼎，出土于河南安阳武官村殷王陵墓。大鼎腹部铸有蟠龙纹和饕餮纹，脚部则雕刻有蝉纹，看上去十分庄重华丽。因其腹内铸有"后母戊"三个字，故而，考古界一般认为，它很可能是商王为祭祀母亲"戊"而做的祭器。

　　"后母戊"大方鼎长110厘米，宽78厘米，高133厘米，重875千克，整体呈长方形，体积巨大，造型雄伟，纹饰华丽，结构复

▲ "后母戊"大方鼎

杂。它的出现能够证明，商代的青铜器铸造技术已经相当纯熟。可以说，"后母戊"大方鼎标志着我国古代青铜制造工艺的高峰。

目前我国已经出土了数千件商代的青铜器，而其中最大的就是"后母戊"大方鼎，这在世界古代青铜器史上可以说是绝无仅有的。那么，几千年前的人们，究竟是如何铸造出这么大的"后母戊"大方鼎的呢？

古时候，人们主要利用陶制坩埚来冶炼青铜，因为这种坩埚形状很像倒扣的头盔，所以又被考古工作者称为"将军盔"。每个"将军盔"大约能熔12.7公斤青铜，这就意味着，要铸造"后母戊"鼎，至少需要70个"将军盔"同时作业，实际操作难度很大。当然，聪明的工匠们想出了更好的办法，他们将大鼎"拆分"成零件，先分别将鼎耳、鼎足、鼎身铸好，最后再把这些部件熔合到一起，"后母戊"大方鼎便成型了。

▲ "后母戊"大方鼎出土地

司南

司南可以说是现代指南针的始祖。"司南"的意思就是指向南方。司南的外形和现代指南针有着很大差别，它呈杓形，与现在用的汤匙非常像。

那么，司南究竟是怎样制成的呢？

关于司南的记载非常少，且人们目前没有找到任何保存完好的实物，所以我们现在无法准确得知，司南究竟是一个怎样的东西。根据专家们的推测，制作司南时，应该先将整块天然磁铁打磨成勺子的形状，勺柄为S极，然后将重心落到光滑圆润的底部正中。

司南做好之后，还需要配备一个光滑的底盘，有青铜盘，也有普通的涂漆木盘。一般底盘的形状都是内圆外方，有些底盘四周刻有表示方位的格线或文字。

使用司南的时候，需要先放平底盘，然后将司南置于底盘中央，用手拨动"勺柄"，让司南转动起来。等司南停下来时，"勺柄"所指的方向就是南方。

司南堪称全世界最早的指南针，战国时候，人们进山采玉时，通常会随身带一个司南，以免在山中迷路。

罗盘针与航海图

中国不仅是世界上最早发明指南针的国家，同时也是最先将指南针运用于航海事业的国家。

我国实际上很早就开启了海上交通事业。秦汉之后，随着社会生产力的提高，航海事业也不断发展。晋代时，我国就已经造出了可以承载200余人的海船。唐代已经出现总长20丈、可供六七百人同时乘坐的大型船只。那时候，中国在海上的活动范围已经从广州一路扩展到波斯湾。

明代初，中国著名的航海家郑和七次下西洋，此事在历史上也是赫赫有名的。那时候所谓的"西洋"主要指的是南洋群岛和印度洋一带。郑和率领的船队规模非常浩大，由60多艘船组成，共2.7万余人。这些大船在当时被称为"宝船"，而其中最大的"宝船"足有40余丈长、18丈宽。

在指南针出现之前，航海是件非常危险的事。在茫茫的海面上，想要辨认方向，只能观察太阳和星辰，若是遇到阴雨天，那就真是"两眼一抹黑"了。有了指南针之后，即便阴天落雨，人们也可以轻易地辨认出方向。

南宋之后，已经有人将指南针与罗盘结合起来，制作出了专门用于航行的"针盘"。这种罗盘有铜制的，也有木制的，盘的周围刻着东南西北四个方位的标志。使用时，只要将指南针所指的方向与罗盘所刻方位对准，就能轻易识别出航行的方向了。

郑和的船队就配备着"针盘"和航海图，还有不少专门负责方位测定的专业人员。船队最远到过非洲东岸、红海和伊斯兰教圣地麦加，前后经过30余个国家和地区，途经占城（今越南南部）、爪哇、苏门答腊、锡兰（今斯里兰卡）等地。如果没有"针盘"，这种大规模的远航，恐怕是很难完成的。

有了"针盘"，人们在航海时便能方便地记录航线，从而摸索出一条条新航路。比如元明时代就有很多记载海外航路的书籍。因为这些航路主要是依靠"针盘"所得，故而当时人们也将之称为"针路"。

明朝时，我国已经出现了航海图，郑和下西洋远航就携带了航海图。

早在北宋年间，阿拉伯人就已经从中国学会了如何制造指南针，并将这一发明带到了欧洲。指南针的出现对欧洲的航海事业有着巨大影响。15世纪末至16世纪初，欧洲国家在航海方面获得了巨大突破，不仅开辟了许多新的航路，还发现了美洲大陆，甚至完成了环绕地球的航行。正是有了指南针的帮助，他们才能在海上辨明方向，完成这些伟大的创举。

指南鱼与指南龟

历史上的指南针有多种不同的形态，指南鱼和指南龟是其中比较有趣的两种。

指南鱼发明于北宋初年时，通常用一块长约两寸、宽约五分的小薄钢片制成，形似一条小鱼。"鱼肚"部分稍微有些凹陷，这能够让它更好地浮于水面。

与指南针不同的是，制作指南鱼的小钢片自身并没有磁性，所以在使用之前，必须先用人工传磁的方法将它变成磁铁。

相比司南，指南鱼使用起来要方便得多，只需要准备一碗水就行了。而且液体的摩擦力要比固体小得多，转动起来也更灵活。因此，指南鱼在指引方向时，比司南更灵敏，也更准确。

指南鱼除了有钢质地的之外，还有木质地的。

木头做指南鱼很简单：先将手指大小的木头刻成鱼的形状，然后在鱼嘴处挖一个洞，将一条磁铁塞到里面，磁铁的S极朝外，将鱼嘴用蜡封好。完成上述步骤之后，再往鱼嘴中插入一根针，指南鱼就完成了。使用时，只要将指南鱼放到水面上，鱼嘴的针就会自动指向南方。

指南龟也是由木头做成的，与木质指南鱼做法一样，只是在刻木时将鱼形改成龟形就可以了。

做指南龟时，针一般都装在尾部。使用时不用把指南龟放进水中，而是在龟腹部挖一个洞，然后将洞装在光滑的竹钉上，让它能够转动。

这样，指南龟尾部的针就会自行指向南方了。

古人盛酒

古人喝酒特别讲究，盛酒的器具与饮酒的器具都非常有特色。

通常来说，盛酒的器具主要是用来盛酒备饮的，有樽、壶、区、卮、皿、鉴、斛、觥、瓮、瓿、彝等多种类型，每种盛酒器又有许多不同的造型，有普通的，也有不少动物造型的。比如樽，就有象樽、犀樽、虎樽、牛樽、羊樽，等等。

饮酒器，那自然是用来饮酒的容器了。饮酒器同样有许多种类，如觚、觯、角、爵、杯等，身份不同的人使用的饮酒器也往往不同。

众所周知，青铜器起源于夏朝。现在我们发现的最早的铜制酒器就是夏朝二里头文化时期的爵。到商代时，随着酿酒业的发达和青铜器制作技术的纯熟，中国的酒器制造业进入繁荣时期。按照用途的不同，当时的酒器可分为煮酒器、盛酒器、饮酒器、贮酒器以及礼器等。

商周之后，青铜器逐渐没落。秦汉以后，漆器取代青铜器，成了两汉和魏晋时期最为流行的酒具类型。从形制上来说，漆制酒具基本上与青铜酒器相同，分为盛酒器具和饮酒器具。其中，漆制耳杯是最常见的饮酒器具。

汉代时，人们饮酒通常都是席地而坐，酒樽置于席地中间，饮酒器也同样置于地上，盛酒时要用专门挹酒的勺。所以那时候的酒具形态大多矮胖。

魏晋时期，人们流行坐床饮酒，酒具的形状也开始变得瘦长。

东汉（一说商代）前后出现了瓷器，这是比陶器更加优秀的器皿。无论是作为酿酒器具还是盛酒器具或饮酒器具，瓷器都要优于陶器。

唐代时，人们开始使用桌子，与此同时，适于放置在桌上的酒具也应运而生。比如注子，唐人称"偏提"。注子的形状和今天的酒壶十分相像，同样有喙有柄，能盛酒，也能更方便地将酒液注于酒杯之中，比从前的樽勺要方便得多。

宋代时，陶瓷的生产进入鼎盛时期，并出现了许多精美的陶瓷酒器。宋代人喜饮黄酒，且习惯将酒温热之后再饮，所以宋人便发明了配套使用的注子和注碗。使用的时候，在注碗里盛入热水，再将装有酒液的注子放进注碗，这样便能温酒了。如今，陶瓷酒器也依然流行。

明代时，最具特色的陶瓷酒器是青花、斗彩和祭红酒器。

清代时，比较具代表性的陶瓷酒器主要有珐琅彩、素三彩、青花玲珑瓷及各种仿古瓷。

算盘缘起

　　算盘被誉为"中国第五大发明"。即便是在计算器已经普及的今天，古老的算盘也仍未被人们抛弃。那么，算盘究竟起源于何时呢？

　　其实，清代时已经有不少算学家研究过这个问题了，那时候的研究者普遍认为，算盘应该是问世于唐朝，宋朝时开始流行，元明时期走向兴盛。在宋代名画《清明上河图》中，有一处画了一家药铺，药铺柜台上就放着一架算盘。画上的算盘是与现代算盘形制类似的串档算盘。1921年，河北巨鹿出土了一颗木制算盘珠，隐约为鼓形，中间有孔，与现代的算盘珠没有区别。

　　元末明初的陶宗仪在《南村辍耕录》一书中引用时谚形容奴仆：

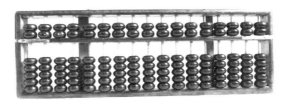

▶ 算盘

"凡纳婢仆，初来时曰擂盘珠，言不拨自动；稍久，曰算盘珠，言拨之则动；既久，曰佛顶珠，言终日凝然，虽拨亦不动。"这段"三珠戏语"非常生动形象，将那些资历甚老的奴仆比作拨一拨才会动一下的算盘珠，甚是妙哉！

明洪武四年（1371）刻的《魁本对相四言杂字》中载有算盘图。编于明朝永乐年间的《鲁班木经》记载了详细的算盘规格和尺寸。除此之外，还有不少介绍珠算算法的著作，如徐心鲁的《盘珠算法》和程大位的《算法统宗》等。可见，算盘在明代已经被广泛使用了。

由于宋代算盘的形制已经比较成熟，丝毫未见新生事物的粗糙或生涩，故而很多算学家认为，算盘的诞生应该早于宋朝，大约可往前推到唐朝。因为宋朝之前的五代十国，战乱不断，社会情况不安定，科技文化的发展也都较为滞缓，所以算盘这种新事物诞生的可能性是比较小的。

唐朝则不同。唐朝是中国历史上有名的盛世，经济文化发展十分繁荣，新鲜计算工具的产生不足为奇。故而，"算盘诞生于唐"一说是较为合理的。

鼻烟壶

有一种工艺品，用材最广，且集我国的烧瓷、玛瑙、料器、雕漆、景泰蓝、象牙、书法、绘画、玉石、水晶雕琢、金漆镶嵌、竹木雕刻、金属工艺等工艺技术于一身。这种工艺品就是鼻烟壶，堪称我国传统工艺美术的浓缩精粹。

清代盛行鼻烟，尤其在康熙、乾隆年间，上至帝王将相，下至平民百姓，甚嗜鼻烟。正因为如此，那个时代亦是鼻烟壶制作的黄金时代。

当时，鼻烟壶的材质十分丰富，包括陶瓷、料器、套料、玉和玛瑙等。其中，陶瓷质鼻烟壶几乎囊括了所有的瓷器种类，如斗彩、粉彩、五彩、墨彩、珐琅彩、青花、釉里红、祭红、抹红、珊瑚釉、茶叶末釉、哥瓷、雕瓷、刻瓷等。最受欢迎的鼻烟壶造型是爆竹筒式，此外还有方形、扁方、葫芦形、圆形、瓜果形、人物形，等等。

康熙皇帝十分喜欢珐琅器皿，曾专门邀请法籍珐琅匠、传教士

▲ 鼻烟壶

陈忠信传授法国里摩日画珐琅技艺。故而，当时还出现了一种极为出彩的珐琅彩鼻烟壶。

珐琅器胎有金胎、铜胎、玻璃胎和陶瓷胎之分，绘画题材包括仕女、花卉等。当时，掌握珐琅彩绘制技术的大多是工匠名家，因此制作出的成品也都十分精良。但最为出色的珐琅彩鼻烟壶出现在乾隆时期，堪称世界闻名的艺术珍品。

"学富五车"的起源

我们称赞一个人学识渊博，往往说他"学富五车"，这个成语其实出自战国时期的一个典故。

战国时，有一个著名的哲学家叫惠施，据说他每次旅行，携带的书籍需要用五辆马车装运。惠施被称为博学之士，故而，人们用"学富五车"来形容一个人知识丰富。

实际上，那时候的书是一捆一捆的竹简和木简，本身就非常占地方。倘若这五车卷籍印成今天的纸质书，数量应该并不庞大。

秦朝时还没有发明纸张，文字多是写在竹简、木简上。据说秦始皇在统一中国之后，每天要看的公文竟有100多斤重。

西汉时期，有一次，东方朔给汉武帝上书谏言，一篇奏章居然写满了整整3000根竹简。两个人合力，才勉强将奏折搬运进宫。

那么，人们又是从何时开始将字写于竹简上的呢？

据记载，殷商时期，人们除了将字刻在甲骨上之外，还会将字写在竹片与木板上。竹片便是竹简，木板自是木简，也叫版牍。

简的长度不一，长的可达三尺，短的则只有五寸。通常来说，人们写信时习惯使用一尺来长的简，故而人们又把信称为"尺牍"。当时还有一种便于儿童阅读的简，三面起棱，可以竖直摆放。

每根简上所写的字大小不一。通常每根简上写有20余个字，少则一两个字，多则三四十个字。

人们在简上写字的时候，往往会配一把刀，如果写坏或是写错，就用刀削去，所以修改文章也被人们称为"删削"。

人们在简上写完字后，用绳子、丝线或皮带将这些简串联起来、编到一起，这便成了最原始的书。孔子读《易》，"韦编三绝"，意思就是说，孔子在读《易》时太刻苦，连串简的绳子都断了许多次。

而且，竹简与木简上的字都是用毛笔写成的，这说明，早在殷商时代，我国就已经出现了毛笔。此外，人们将字写在竹简和木简上，这要比在甲骨上刻字容易得多。

书简对古代书籍的发展有着极大的推动作用。

拓碑、刻印和雕版印刷

纸张的出现大大推动了文化普及。随着社会经济的稳定繁荣发展，读书人越来越多，市场上对书籍的需求量也越来越大。

然而，在印刷术发明之前，书籍是非常珍贵的物资，一般只有官府和富人才能拥有藏书，普通老百姓想要得到一两本书都极为不易。因为那时候的书都是手抄本，需要人力誊抄，几乎不可能满足市场的需求。

于是，在这样的背景之下，雕版印刷术应运而生。

其实，早在雕版印刷术出现之前，人们就已经广泛使用印章和拓碑了，而这三者的原理基本相通。

古时候的印章有两种，即阴文与阳文。所谓阴文，就是笔画凹下的文字；阳文，则是笔画凸出的文字。印章通常都比较小，能印出

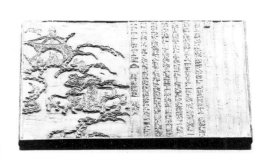

▶ 雕版

来的字也有限。

刻碑通常用的是阴文，用纸拓印出来之后，便成了黑底白字。这样的字阅读起来比较费解，字迹也不醒目。虽然石碑面积大，一次可以拓印不少字，但拓碑的过程十分复杂，所以该方法无法用于印制书籍。

后来，有人便将印章与拓碑的特点结合，发明了雕版印刷术：

先将木材锯成大小合适的木板，然后将需要印刷的字写在薄纸上，反面贴到木板上。接着，工匠将文字一个一个根据笔画雕刻成阳文，笔画凸出，浮于木板之上。木板雕好之后，就可以开始印书了。印书时，先将墨涂在雕版上，然后将白纸覆于木板上，再用干净的刷子轻刷纸背。这样，一页书便印好了。书页都印刷完毕之后，便能装订成册，这样，一本新书也就制作完成了。

这种印刷方法是先将字雕刻在木板之上，然后再行印刷，故而得名"雕版印刷"。

▲ 雕版印刷模拟场景

最早的雕版印刷书

唐代时，雕版印刷的技术已经发展得相当成熟了，但唐朝时期刻印的书籍中却只有一部印刻于咸通九年（868）的《金刚经》得以保存至今。这其中又有怎样的故事呢？

甘肃省敦煌东南有座鸣沙山。晋朝的时候，一群佛教徒来到这里，开凿出了山洞，并在其中建筑寺庙，雕刻佛像。后来，人工凿开的山洞越来越多，雕刻出的佛像也越来越多，后人便将这里称作"千佛洞"。

1900年，有一个姓王的道士在修理洞窟时无意间发现了一个暗室，里面堆满了一捆捆的纸卷。许多纸卷为唐代手抄书籍，但其中还有一卷唐代刻印的《金刚经》。

王道士发现的这卷《金刚经》长约一丈六尺，高约一尺，由七个印张粘连而成。卷首是一幅释迦牟尼对弟子说法的图画，画卷中的人物神态灵动、栩栩如生；其后则是《金刚经》全文，卷末标注着书的刻印日期，即咸通九年。

如今，此书是世界上现存年代最早的雕版印刷书。卷首图画也是印刻而成的，这大概是世界上最早的版画了。

最早的活字印刷术

雕版印刷术是一项极其伟大的发明 —— 只需要雕刻一块木板，就能迅速"复制"出无数本书，其效率远远高于手抄。不过，这种方法也有其弊端：每印一本书，就得重新雕一回木板，书印完之后，雕版就失效了。有的书字数较多，印版往往需要花费多年时间才能雕完，一旦这部书不再重印，那么这些投入巨大心力的雕版也就失去作用了。

宋代时，发明家毕昇在雕版印刷的基础上发明了更先进的印刷方法，即活字印刷术。

毕昇将胶泥制成一个个同等大小的小方块，在每一个小方块底部刻上字，再放到火上烧硬。这样做出来的，就是一个个的活字。

▶ 活字印刷

需要印书时，工匠便将这些活字按照书中的文字顺序排列在涂有松脂、蜡和纸灰的铁板上，围以铁框加热，使松脂等熔化，之后再用一块平板将活字压平。这样，一块活字版就做好了。

活字印刷术最大的优点在于，活字可以重复使用，省去了很多雕刻木板的时间，节约人力物力。

从技术层面上来说，毕昇发明的活字印刷术非常简单，也非常原始。但不可否认的是，他为印刷术的进步做出了巨大的贡献。

木活字与转轮排字架

元朝时，一位名叫王祯的县尹发明了一种木活字印刷术。

王祯先在一块木板上将字刻好，然后用小锯子把这些字一个个锯开，之后再用刻刀将这些小字块打磨成同样尺寸大小。排版的时候，只要将这些字依次放入特制的木盘里，排满一行之后用竹片隔开，然后将所有空隙的地方用小木片塞紧，确保这些字块不会移动。做完这些准备之后，就可以开始印书了。

当时，王祯一共造了3万多个木活字，并用这些木活字排印了他自己编纂的《旌德县志》。全书共6万余字，使用这种木活字印刷法，王祯在不到一个月的时间里就成功"复制"出了100部书。

除了木活字之外，王祯还发明了转轮排字盘。

这是两个木制大轮盘，直径均7尺有余，一为韵轮，一为杂字轮。轮盘上设置了一个个框格，木活字皆按照韵脚分类放置。常用字摆放于杂字轮格盘里，不常用的则摆放于韵轮格盘中。

排版须两人合作，一人念原稿，另一人坐在轮架中间，转动韵轮或杂字轮，从中拣取活字，非常方便。

明、清两代，木活字已经广泛使用。清乾隆三十八年（1773），清朝政府特意定制了25.35万个木活字，先后印成了138部"武英殿聚珍版丛书"。

四大名绣

刺绣在我国有着十分悠久的历史，早在秦汉时期，我国的刺绣工艺就已经达到了较高的水平。

刺绣作品相信每个人都不陌生，那么关于中国的"四大名绣"，大家又了解多少呢？

历史上，江苏的苏绣、湖南的湘绣、广东的粤秀和四川的蜀绣，因其出众的技艺与深厚的历史内涵，被誉为中国的"四大名绣"。

在这"四大名绣"之中，苏绣的历史最为悠远绵长，源头可以追溯到2000多年以前。苏绣最大的特点就是细致素雅、构图简练、主题突出、绣工精湛。很多刺绣为了追求效果，往往尽可能地使用细线，但苏绣却并不在意这个问题。苏绣一直有个古老的标准：即使是最细的线，也要让"一般人能够肉眼看清"，而苏绣之所以有这样的底气，自然是由于其技艺之精湛细致。

湘绣吸收了苏绣和其他刺绣的优点，进一步发展创新。湘绣最大的特点就是色彩饱满、色调和谐，擅长使用不同颜色的线，形成逐渐变化的效果。

粤绣有很强的装饰性，色彩往往浓郁鲜艳，给人以画面饱满、繁而不乱的感受。粤绣最常使用的题材也十分广泛，但多是百鸟朝凤或龙凤等图案。

　　蜀绣的主要原料包括软缎和彩丝，其针法多达百余种，是最能充分发挥手绣特长的一种刺绣。蜀绣具有浓厚的地方风格，题材大多为花鸟、虫鱼、走兽以及人物，绣品种类主要有绣屏、被面、枕套、靠垫、桌布、头巾等。

《贵妃醉酒》与《画扇面》

京剧爱好者想必不会错过梅兰芳先生的《贵妃醉酒》。戏中，雍容华贵的杨贵妃手执描金折扇，一颦一笑，观众仿佛亲临大唐盛世。

相声和京剧一样，也是备受人们喜爱的传统艺术。在相声中，也有一段关于折扇的节目，名叫《画扇面》。这个故事的主人公是一个喜欢自吹自擂但实际上不学无术的混混，他四处吹嘘自己的画技有多么高超。后来，有人来找他画一幅扇面，他先是想画一位美人，结果一不小心，美女变成了张飞；再添添补补，张飞直接变成了大树。无奈之下，这个不学无术的人只得对扇子的主人道歉："要不我用墨将扇面涂黑，你去找旁人写个'金'字吧！"

中国的扇子有着十分悠久的历史，汉代班婕妤的《怨歌行》诗云："裁为合欢扇，团团似明月。"不过诗中提及的扇子指团扇，而非折扇。折扇其实是从外国传入的，史书记载，折扇原本出自朝鲜半岛，北宋时候才传入中国的。苏轼曾在文中这样描述道："展之广尺余，合之止两指许。"

明代时，高丽以折扇为礼，赠予中国。到了这个时期，折扇才真正在中国流行起来。明朝宣德、弘治时期，出现了几位擅长精制折扇的名手，而书画家们也开始在折扇上题字。折扇的形式比较特殊，故而画于折扇之上的画作也渐渐成为一种特殊的体裁。

鲁班发明锯

据说有一次，鲁班接了一项新任务，受雇前去建造一座巨大的宫殿。建造宫殿需要木材，于是鲁班便让弟子们上山伐木。那时候还没有锯，弟子们只能用斧头，效率非常低下，即便起早贪黑地干活，一天下来也伐不了多少木。

看到伐木进度不理想，鲁班便决定亲自上山查看情况。上山途中，鲁班无意间抓了一把山上随处可见的野草，结果没想到，他的手一下子就被划破了。鲁班心中很疑惑：就是几根细弱的草，怎么会这样锋利呢？带着这样的疑问，鲁班仔细观察了一下刚才割伤自己的野草，结果发现草叶两侧长满了小细齿。

又走了没多久，鲁班正在树下休息，突然看到一只大蝗虫在啃

◀ 鲁班画像

树叶，两颗大板牙看上去十分锋利。鲁班好奇地抓起那只大蝗虫，仔细观察后发现，它的大板牙上排列着许多细齿，蝗虫正是靠它们来啃食树叶的。

这两件事启发了鲁班。他想：如果我将伐木工具做成齿状，那么是不是就会变得更加锋利，伐木效率也会由此提高呢？不久之后，鲁班就发明了锯。

当然，这只不过是个传说。锯是我国古代的工匠在劳动过程中发明的，只是发明的具体时代已经不可考证。

古玩的魅力

"古玩"一词始见于清代，在此之前，古玩都称为"骨董"。"骨"的意思是肉腐而骨存，"董"则为知道、了解。因此，简单来说，"骨董"就是明晓古人所遗之精华。

那么古玩的魅力究竟在哪里呢?

中国有着悠久的历史，古玩文化更是博大精深。以瓷器为例，在瓷器的制作过程中，无论是选料、绘瓷还是烧瓷环节，都凝聚着先人的智慧。比如元代的青花瓷，景德镇窑正是因为成功创烧出了青花瓷，才奠定了"瓷都"的地位。但陶瓷界却又有"青花首推宣德"一说，专家认为宣德的青花胎工精细、釉汁匀净、青花浓艳、纹样优美，而造型也工整多样，实属佳品。

古玩最刺激也最吸引人的就是"真真假假"。古玩市场上发生过无数"以假作真"和"误真为假"的事，简直层出不穷。古玩是一门艰深的学问，即便行家、专家，也难免会有栽跟头的时候。

除了供人赏玩之外，古玩还有最重要的一个功能，即增值保值。

收藏古玩在世人看来也是一种"雅趣"，可以彰显品位和内涵。如果你拥有几件珍品，那么简直就是一种低调奢华的"炫富"了。

历史上的"胡服骑射"

战国时赵国国君突然萌生出一股决心，他奋发图强，企图通过改革来增强国力。

于是，有一天，赵武灵王对大臣楼缓说："我国四面受敌，随时可能被别国吞没，这一局面必须得到改变！你看咱们穿的是长袍大褂，无论是打仗还是干活都挺不方便，不像那些胡人，短衣窄袖，脚上套着皮靴，行动起来十分灵便。我也想仿照胡人的服饰式样，改改咱们的服装，你觉得如何？"

随后，赵武灵王又说道："还有，咱们打仗靠的是兵马或者马拉战车，太不灵活。我之所以想仿照胡人的服饰，其实就是希望咱们的士兵也能像胡人那样骑马射箭。"

主意打定之后，赵武灵王以身作则，次日便着短衣窄袖上朝，着实惊到了一批朝臣。赵武灵王公开表明了自己的想法，众大臣虽然认为穿成这样十分丢脸，但国君都已经穿了，自己还能说什么呢？他们只好不情不愿地改换了服饰。

眼看时机成熟，赵武灵王直接下诏，命令百姓易服。没过多久，赵国人便都穿起了胡服。一开始人们还不太习惯，但日子久了之后，大家发现，穿着胡服行动确实方便得多。

实行服装改革之后，赵国果真如赵武灵王所期望的那样，日益强大了起来。

　　这就是历史上赫赫有名的"胡服骑射"。

　　春秋时期，各诸侯国的服饰制度已经基本成型，大多汉人都喜欢穿着舒适宽松的长袍和裙裳。但进入春秋末期之后，各国之间的兼并战争愈演愈烈，在作战中宽衣广袖的汉人服饰渐渐暴露出了许多缺点，如不易奔跑、不便行动等。服装制度的改革迫在眉睫。

　　"胡服骑射"可以说是中国历史上的第一次服装大变革，此次变革不仅彻底改变了赵国的服饰风俗，也影响了中原其他国家。

巾帼英雄

众所周知，"巾帼英雄"是女英雄的代称。什么是"巾帼"呢？"巾帼"又为什么代指女子呢？

"巾"其实很好理解，指的就是头巾；至于"帼"，则是一种汉代时比较流行的妇女头饰。它是一种戴在头发上的布制帽圈，妇女们戴上它之后，需要再用一支横簪固定。很多具有装饰作用的簪子，如"凤簪""步摇""华胜"等，都是插在帼上面的。"巾"和"帼"都是女子特有的装扮，故而，世人又以"巾帼"来代指女子。

中国古代的男子特别重视头发，他们欣赏女子时也常常关注她们的"美发"。所以那时的假发也是服饰的一个组成部分，汉代女子佩戴假发甚至成了一种流行。

从古至今，女子的发型繁多丰富。比如秦代时，女子的发式主要有凌云髻、垂云髻、迎春髻、神仙髻、望仙九鬟髻、参鸾髻、黄罗髻等；到了汉代，女子流行的发型则变成了三角髻、三鬟髻、双鬟髻、瑶台髻、堕马髻等。

其中，堕马髻是东汉时期最有名的发式，即头发梳得高高耸起，然后束成髻，一侧的发束偏斜垂下。这种发式尤能彰显女子的妩媚多姿，故而深受许多女子的喜爱。

第八辑

建筑文化

中国古代建筑的特点

建筑艺术是中华传统文化里独树一帜、美丽多姿的一支，是中华文明乃至世界文明的璀璨瑰宝。

中国建筑的特别之处在于，它是世界上唯一以木质结构为主的建筑体系。经过漫长的历史发展，中国建筑发展出了与众不同的风格特色，形成了独特的文化体系。

中国的建筑形式与皇权等级观念密不可分。皇城、宫殿、都城等建筑代表了中国建筑的最高成就。美观大方的对称式是最常见的建筑群布局，而自由式布局则是仅次于对称式布局的选择，对称式讲究协调美观，自由式则注重自然大方。中式建筑整体给人一种中正平和、含蓄深沉的美感。

中国人几千年的伦理观、价值观、审美观、自然观，都体现于中国建筑的艺术风格之中。

阿房宫得名的由来

秦始皇三十五年（前212），统治者为了展现自己的力量与功绩，建造了规模庞大的建筑群，即如今人们熟知的阿房宫。阿房宫前殿可同时容纳上万人，其庞大程度可见一斑。可惜，直到秦朝灭亡，阿房宫还没有竣工。后来，项羽灭秦，一把火烧毁了阿房宫。

虽然后人无缘得见阿房宫，但不妨碍他们咏叹歌颂阿房宫的宏大。仅宫殿遗址就高约7米，长约1000米。如今，阿房宫遗址已被列入全国重点文物保护单位。

阿房宫并不是秦始皇为它取的名字。根据《史记》记载，秦始皇原本想要在阿房宫竣工以后再为它取名。没想到，还没到那一天，秦朝就灭亡了。阿房宫由何得名，已成了一个未解之谜。后人对此也很感兴趣，曾提出多种假说。

阿房宫的"阿房"源于地名，这是最常见的一种猜测。阿房可能是宫殿所在的地区名，也可能是附近一座山的名字。不管究竟是哪个"阿房"，人们都是根据地名为阿房宫取名的。

还有人认为，阿房宫是因为靠近咸阳而得名的，"阿"在古汉语中有"近"的意思。但这种说法并没有得到广泛认可，多数人认为，阿不过是一个拟声词，没有什么实际意义。

对于"阿房宫"一名的解释，最权威的说法是因为阿房宫的规模和造型。"阿"的本义是高山，"房"通"旁"，有广大之义。"阿房"，也就是像高大的山那样宽、那样大。根据已知文献记载，人们可以得知，阿房宫的确规模惊人、异常宏大。那么，阿房宫因其规模而得名，也就不足为奇了。如果这个说法是正确的，那么"阿房宫"的意思就是"像山一样宏大的宫殿"。

雄伟壮观的紫禁城

北京故宫是中国最负盛名的人文旅游景点之一。它是享誉中外的中式建筑群，更是现存古代宫殿建筑中最宏伟的一处。故宫又名紫禁城，曾做过明、清两代帝王的皇宫，是中国历史当之无愧的瑰宝，代表了中国古代建筑水平之巅峰。

故宫占地面积达72万平方米，房屋多达9000余间。其中大部分是木制建筑，屋顶的黄色琉璃瓦和青白石的底座为这些宫殿增色不少，墙壁上还有无数绘画大师绘制的壁画，真可谓雕梁画栋。

故宫是典型的对称式建筑群，一条由南向北的中轴线将整个故宫分割为东、西两个部分，展现出和谐的美感。这条中轴线北至鼓楼，南至永定门，几乎贯穿了古代的北京城。如今，人们在观看北京地图的时候，仍能感受到这条中轴线的存在。

故宫中最负盛名的宫殿是太和殿、中和殿和保和殿，这三座宫殿各自用途不同，但都是古代帝王活动的场所。因此，建筑材料选用了华贵的汉白玉，底座就高达8米，烘托出了皇权的威严。

三座宫殿当中，太和殿以华丽著称，这是古代帝王举办典礼的地方，也是举行大型朝会的地方。文艺作品中不时提到的"金銮殿"，就是太和殿的别称。太和殿的作用决定了它的建筑基调，整座宫殿从外部看来高大宏伟，殿高28米，东西长63米，南北宽35米。殿内有92根柱子支撑，每根柱子的直径1米。围绕皇帝宝座的六根

232

柱子格外华丽，上面雕刻着气势惊人的蟠龙，并用金粉进行上色。皇帝的宝座位于高达两米的基台上，前方放置着造型优雅的仙鹤雕塑和用来焚香的炉鼎，后方是雕刻精美的屏风。大殿内部金碧辉煌，华丽程度令人咋舌。

保和殿的建筑风格与太和殿类似，但华丽程度却远远不及后者。中和殿是举行大典之前皇帝休息的场所，保和殿是每年皇帝会见藩王土司、举行宴会的地方。

故宫的前半部是皇帝处理政事，会见大臣、藩王的区域。后半部与前半部不同，更像是皇帝的家。故宫的后半部统称内廷，中心地区是乾清宫、交泰殿、坤宁宫，东六宫与西六宫分别列于两侧。这里是帝王后妃生活的地方，虽然依旧华丽非凡，但建筑风格却与故宫前半部的庄严大不相同。

故宫的后半部非常具有生活气息。内廷当中布置了大量的花园、

▲ 紫禁城

书斋、假山、水池、亭台、楼阁。花园里有无数的奇花异草，亭台楼阁也十分秀丽，特别是万春亭与千秋亭，它们是现存古亭当中最华丽的。

　　故宫不仅象征着皇家的威严，更是我国古代劳动人民智慧的结晶，它是我国古代建筑史上无法超越的成就。

气势磅礴的布达拉宫

　　青藏高原是中国境内面积最大、海拔最高的高原，也被称为"世界屋脊"，平均海拔4000余米。在世界屋脊之上，坐落着一座气势磅礴的宫殿 —— 布达拉宫。

　　在拉萨市西北角玛布日山上，有一座13层的寺庙，高达117.19米，东西长400余米，全部石木结构，那就是布达拉宫。从山脚仰视宫殿，无人不被布达拉宫巍峨雄伟的气势征服。走近观看，布达拉宫的精美程度仍然令人惊奇。布达拉宫含三座金殿、三座金塔，其华丽程度也是世界上其他寺庙难以企及的。

▲ 布达拉宫

　　布达拉宫的宫墙由花岗岩砌成，白色的花岗岩将上方的红色宫殿衬托得格外庄严。依山而建的布达拉宫内部有1000多间屋子，所用柱子达上万根。

　　布达拉宫本身就是人类建筑史上的宝藏，宫中保存的文物价值与宫殿本身相比也毫不逊色。其中不仅有大量的贵重器皿，还保存着很多价值难以估量的经卷、字画、书籍。

　　布达拉宫为历世达赖喇嘛居住地。

　　7世纪，布达拉宫开始动工。当时吐蕃王朝迅速发展，唐朝还将文成公主嫁给了吐蕃赞普松赞干布。松赞干布为了气派地迎娶文成公主，下令修建布达拉宫。当时的布达拉宫只有999所宫殿，经过后来的不断修缮和扩建，才达到了今日的规模。

唐僧取经与雁塔题名

《西游记》在中国可谓家喻户晓，唐僧、孙悟空、猪八戒、沙悟净师徒四人前往西天取经的故事被改编成了各类艺术作品，长盛不衰。唐僧取经的故事是真实存在的，但并不像《西游记》那样浪漫。

历史上的唐僧姓陈，名祎。他在钻研佛经的过程中发现，佛经译文存在晦涩难解、前后龃龉等问题，遂决心亲赴佛教发源地——天竺（今印度半岛）求法，以期规范唐朝的佛教文化。回国以后，玄奘就在长安最大的寺庙——大慈恩寺翻译从印度带回来的佛经。这座大慈恩寺是唐朝皇室下令修建的，其建筑规模和精美程度都令人惊奇。

除了翻译佛经外，玄奘还要处理寺庙的种种事宜。他命人仿造印度建筑"雁塔"，在大慈恩寺内修建了一座塔，这就是西安的标志性建筑——大雁塔。

玄奘命人修建的大雁塔塔高5层，大历中增为10层，后经兵火，只存7层，高64.7米。塔身呈方形角锥状，由青砖砌成。大雁塔的墙壁、栏杆、柱子等均做过仿木处理，塔底四面设有石门，上面刻着唐代画家阎立本绘制的精美佛像。

大雁塔不仅是我国佛教建筑的杰作，还是唐代举子的"宝地"。举子们来长安赶考，如果能考上进士，必然会到大慈恩寺的大雁塔中题名，这就是"雁塔题名"。

"神合"小雁塔

大雁塔之所以被称为大雁塔，是因为西安还有一座小雁塔。小雁塔虽然叫小雁塔，规模却一点都不小。小雁塔坐落在荐福寺内，是我国现存状况最为完好的唐代佛塔。

大雁塔是玄奘命人修建的佛塔，用来存放翻译的经书，而修建小雁塔也是为了存放从印度带回的经书。唐中宗时期，义净法师从印度归来，带回了不少佛经。于是他上书唐中宗，希望朝廷能够出资修建一座佛寺。唐中宗惧内，如果皇后不同意这事，就不敢答应。皇后听唐中宗说了这件事情后，命令后宫的嫔妃宫女集资筹建佛寺、佛塔。没人敢违逆皇后的命令，后宫众人纷纷拿出自己的积蓄，出资修建了小雁塔。

不过，小雁塔的修建过程和修建原因都不是它享有盛名的主要原因，它的"神合"远比它的来历更吸引人。明朝时期，陕西发生了大地震，小雁塔塔身出现了一条尺宽有余的裂缝，贯穿全塔上下。这条裂缝虽然破坏了小雁塔的美感，但却没有彻底摧毁它。34年后，陕西又发生了一次大地震。这次大地震不仅没有让已经裂开的小雁塔倒塌，反而让这条裂缝合拢了。当时的人们不明就里，只好将这种现象称为"神合"。

明朝嘉靖年间，一位名叫王鹤的官员夜宿小雁塔。他听寺中和尚讲述了小雁塔"神合"的故事，便将此事刻在了小雁塔的北门。

如今，科学技术相比明代得到了飞跃式的发展，过去人们无法解释的"神合"，也有了科学的解释。在修建小雁塔的时候，工匠们认为西安地质状况并不是非常稳定，于是就在打地基的时候用夯土构筑了一个半球。因此地震时小雁塔能够将塔身受到的冲力分散开来，就没那么容易被地震摧毁。如今，小雁塔经历了70多次地震仍屹立不倒，体现了我国古代劳动人民的杰出智慧。

▲ 小雁塔

少林寺

少林寺，被誉为天下第一名刹，享誉国内外。提到少林寺，人们第一时间想到的就是少林功夫。李连杰主演的影片《少林寺》使得少林寺变成了中外无数武术爱好者的朝圣地，但少林寺不仅是武术圣地，更是我国的禅宗祖庭。

位于河南登封市的少林寺修建于北魏太和年间，达摩来到少林寺后，广收门徒，宣扬禅宗，被称为中国的禅宗始祖。不少文艺作品中提到的少林武术"七十二项绝技"就出自达摩祖师之手。隋唐时期，少林寺的武术就天下闻名了，"十三棍僧护唐王"的故事更是广泛流传。到了宋朝，少林武术已基本成熟。其独特的武术风格自成一派，因此少林寺的武学被称为少林派。元明时期，少林寺的名声进一步扩大，已成了当时规模最庞大的佛寺之一。

历史上，少林寺曾经历过数次劫难，但仍然留下了丰富的文物。北齐雕刻、唐代到清代的大量墓塔、北宋修建的大殿、明代的五百罗汉壁画、清代的拳谱……都是无价之宝，至今仍具有极高的艺术价值。

姑苏城外寒山寺

　　"月落乌啼霜满天，江枫渔火对愁眠。姑苏城外寒山寺，夜半钟声到客船。"唐代诗人张继的这首诗是唐诗当中的精品，流传度极广。

　　诗中描述了诗人秋夜乘船来到苏州寒山寺外，面对满山红叶时的心情。其中对于景色的描写虽称不上具体，但仍使人觉得分外美丽。通过诗歌，读者也能够感受到诗人的心境，"对愁眠"三个字让人感慨万千。

　　这首诗在海外也颇有盛名，诗中勾勒出的漫天寒霜、乌鸦夜啼、满山红叶之景，让许多外国友人神往；寒山寺的钟声更烘托出一种寂寞的感觉，不禁令人生出一股思乡之情。寒山寺也因这首诗而声名

▶ 寒山寺

大噪。许多文人墨客来到此处体会"枫桥夜泊"的感觉，并留下了自己的诗篇。数不胜数的诗篇中，仍以《枫桥夜泊》为佼佼者。

寒山寺内最有名的是钟楼。如今船只行经枫桥，仍然会出现"夜半钟声到客船"的情形，可见钟楼内的铜钟颇具特色。寒山寺钟楼里悬着三口铜钟，挂在二楼的铜钟规模最大，铸造于清朝末年。铸钟人的水平十分高超，几百年后的今天，这口钟仍然能在除夕夜敲响108次。

▲ 寒山寺古塔

此地空余黄鹤楼

　　黄鹤楼与岳阳楼、鹳雀楼、滕王阁并称为"中国四大名楼"，关于武汉黄鹤楼的诗词歌赋数不胜数。关于黄鹤楼的由来，还有一个神奇的传说。

　　黄鹤楼原本只是一家小饭馆，老板姓辛，为人善良，不善经营。饭馆的生意始终不见起色，濒临倒闭。某日，一个穷困潦倒的道士来到饭馆。辛老板见他衣衫褴褛，以为他是来化缘的。不料，道士不要饭食，反而向他要酒喝。辛老板好心，拿出酒给道士喝。道士

▲ 黄鹤楼

酒量惊人，喝了一杯又一杯，最终居然喝光了店里所有的酒。辛老板不仅没有生气，反而称赞道士的酒量。道士临走之前，在墙上画了一只鹤，表示对辛老板的感激之情。

这只鹤可不是一般的鹤。每当有客人光顾饭馆，鹤就会从画中走出，翩翩起舞，为客人助兴。这件事情传开以后，饭馆变得门庭若市，辛老板也发了点小财。

10年之后，道士再次来到饭馆，他站在门外，拿出一支笛子吹奏起来。画上的鹤听到笛声，就从画中走出，道士乘着仙鹤飞走了。辛老板为了感谢这位道士，就建了一座楼，取名黄鹤楼。

神话传说毕竟只是神话传说，黄鹤楼并非兴建于唐代。早在三国时期，士兵为了观察江面军情，就修建了这座黄鹤楼。后来，此处成了文人雅士们迎宾、会友、举办诗会的地方。李白、白居易、贾岛、陆游等大家都曾在黄鹤楼留下墨宝。其中以唐代诗人崔颢的《黄鹤楼》和李白的《黄鹤楼送孟浩然之广陵》最负盛名。

赵州桥

　　赵州桥是隋开皇、大业年间（581—618）李春创建，它是世界上第一座单孔敞肩式石拱桥。1400多年后的今天，赵州桥仍然能正常使用，可见其建筑工艺是多么高超。赵州桥全长64.4米，宽约10米，桥上的栏杆和望柱都装饰着精美雕刻。赵州桥不仅是中国古代建筑的佳作，更是艺术的结晶。

　　如今，赵州桥已经成了全国重点文物保护单位，名列美国土木工程师协会认证的"国际土木工程历史古迹"。它还是石家庄十大美景之一，市政府以赵州桥为中心，修建了赵州桥公园。

　　赵州桥工艺精妙，巧夺天工，于是便有了"鲁班修赵州桥"的传说。

　　鲁班和妹妹鲁姜都十分擅长土木工艺。二人游历天下的时候，人人都称赞鲁班的手艺天下第一。鲁姜觉得自己的手艺不输哥哥，所以对这个"天下第一"很不服气。兄妹二人来到赵州，发现这里的河上没有建桥，人民生活很不便利，于是二人决定各自造一座桥来一较高下。

　　鲁姜一心想要赢过哥哥，和鲁班立下约定以后，她马上着手建桥。只用了半天时间，一座精美的桥梁就建成了。造完桥后，鲁姜又偷偷查探鲁班造桥的进度。结果她来到城南，并没有看到鲁班的影子，更别说桥了。就在鲁姜疑惑哥哥的去向之时，只见鲁班赶着一群羊，匆匆跑了过来。鲁班越跑越近，鲁姜心中越来越惊奇。原来鲁班赶的并不是羊，而是一块块雪白的石头。

鲁姜看见哥哥准备了这么多材料，心想不好。她赶紧跑回自己修建的桥上，在栏杆、望柱等地方雕刻了许多精美的图案，试图在外观一项上战胜哥哥。

第二天早上，兄妹二人的桥都造好了。鲁班的桥壮观雄伟、朴实无华，人们将这座桥称为大石桥。鲁姜的桥虽然不如哥哥的作品那么雄伟，但胜在精雕细琢，十分美观，人们称其为小石桥。两人的桥各有特点，胜负难分，这场比试以平局告终。

这个传说当中最令人咋舌的便是鲁班用鞭子驱赶石头的情节。而这个看似不可思议的情节，恰恰在另一个与赵州桥有关的传说中也有出现。

古时候，赵州一带洪水为患。夏秋涨潮之际，两岸百姓只能绕

▲ 赵州桥

路，一件简单的事情都需要几天才能办好。鲁班得知了这个情况，就来到太行山顶，用他的神器"赶山鞭"将山顶的石头赶下山，然后又花了七七四十九天修建赵州桥。鲁班对赵州桥的坚固程度很有信心，他告诉人们，即便是将五岳压到赵州桥上，也不会出现任何问题。

"八仙"中的张果老和"天财星君"柴王爷听说了这件事，就决定跟鲁班开个玩笑。某一天，二人相约来到赵州桥头。张果老骑着毛驴，柴王爷推着推车，向鲁班询问："这桥结实吗？我们两个一起过，经得住吗？"鲁班不知其中的蹊跷，干脆地给出了肯定的回答。张果老和柴王爷慢慢悠悠地上了桥，赵州桥却出人意料地颤抖了起来。眼看赵州桥就要被压垮了，鲁班赶紧跳进河里，用双手撑住桥身，赵州桥这才没有垮掉。

为什么一位骑驴的老人和一位推车的老人就险些压垮赵州桥呢？鲁班不是说赵州桥能经得住五岳的重量吗？原来，张果老的驴背上就驮着五岳，而柴王爷的推车还载着太阳和月亮。这重量已经远远超过了五岳，自然不是赵州桥所能承受得住的。即便如此，鲁班用手一托，赵州桥就扛住了，显然赵州桥的质量是过硬的。从那以后，赵州桥上就留下了一枚驴子的蹄印和两条推车的车辙，而桥下还印着鲁班的两枚手印。

卢沟桥

北京流传着一句歇后语：卢沟桥的狮子 —— 数不清。卢沟桥上的确有许多狮子，这是卢沟桥的特色，但卢沟桥本身也是一道亮丽的风景。卢沟桥是一座多孔连拱桥，至今已有800多年历史。其规模之宏伟、雕刻之精巧，不管在当时还是今天都非常罕见。

卢沟桥上有281根望柱，柱子上下都藏有狮子。大狮子身上、脚下，以及身体的其他部分还藏有许多小狮子。这些狮子形态各异，惟妙惟肖，拥有惊人的艺术价值。那么，卢沟桥究竟有多少头狮子

▲ 卢沟桥

呢？

　　据说，乾隆皇帝也曾想要弄清楚卢沟桥狮子的数量，于是他亲自来计数。走过桥的时候，他一只只地数过去，共有408头。他总觉得这个数目不太对，于是走回去时又数了一次，数量变成了451。真应了那句歇后语：卢沟桥的狮子 —— 数不清。其实，乾隆皇帝两次都数错了，卢沟桥的狮子数量远远不止400头。古代典籍记载，卢沟桥上共有627头狮子。现代记录的狮子数量则是485。至于数字为什么有如此大的差异，人们就无从得知了。

　　卢沟桥修建于南宋时期，工程用时三年，最初名为广利桥，后来才改名为卢沟桥。卢沟桥在国外同样声名远播，外国人所说的马可·波罗桥就是卢沟桥。

　　卢沟桥全长266.5米，有10个桥墩支撑，以保证桥身的稳固。桥上有11个孔洞，可减少水流带来的冲击。桥下进水处还有边长26厘米的三角铁柱，这些铁柱能够减轻急流的冲击力，也能够防止冰块直接冲击桥身、桥墩。得益于这些精妙的设计，卢沟桥才能够千年不倒。

龙门石窟

  龙门石窟与云冈石窟、麦积山石窟、莫高窟并称为"中国四大石窟"。其中，莫高窟的名声最盛，但龙门石窟却是最有代表性的一家。

  位于河南省洛阳市的龙门石窟开凿于北魏时期，唐朝发展至巅峰。400余年间，古代石匠们将其建成了一座石雕艺术宝库。龙门石窟规模惊人，南北长达千米，佛像近10万座，大小石窟千余个。其中，绝大多数为唐代开凿的石窟，包括最大的奉先寺石窟。

  奉先寺洞中的佛像具有明显的唐代特征，正中的卢舍那佛是整个龙门石窟中最令人震撼之物。这座佛像身高17.14米，头高4米，耳长1.9米。自下方仰视，能够看到佛像衣服上精致的纹理。佛像的面部表情也十分细腻，卢舍那佛面容带有悲天悯人之色，不禁让人由衷产生尊敬之感。佛像旁边还有摩诃迦叶和阿难两位释迦牟尼的弟子，这两座佛像体形不如卢舍那佛，但身材魁梧、表情温和，令人惊叹匠人手艺之高超。

  古阳洞是龙门石窟中开凿最早、内容最丰富的洞窟。除了佛像，古阳洞里还有大量的佛龛。其中不少佛龛上都刻有造像者姓名、造像时间以及造像缘由。这些是非常珍贵的资料，我们能够借此了解很多北魏书法家、雕刻家的生平履历。

  龙门石窟还保存了中国书法史上具有里程碑意义的"龙门二十

▲ 龙门石窟

品"，其中绝大多数集中在古阳洞里。

　　宾阳洞是龙门石窟中最能代表北魏时期雕塑成就的洞窟，从开凿到建成，历经24年之久。洞内的大佛像多达11尊，其中以释迦牟尼佛为主，其他弟子、各类菩萨环绕左右。洞窟顶部雕有飞天绘像，雕刻技巧带有明显的西域特色。宾阳洞洞口两幅《帝后礼佛图》被盗，如今保存在美国纽约博物馆。

　　除了佛像外，龙门石窟中还保存着大量医学、美术、书法、音乐、建筑、宗教等资料，堪称一座庞大的石雕艺术博物馆。并且，龙门石窟从开凿到竣工总共历经400余年，能够准确反映佛教在古代中国的兴衰史，极具研究价值。

乾陵与无字碑

　　中国历史上出现过数位女性统治者，但真正走到台面上来，且被时人所认可的，只有女皇武则天。武则天年少经历坎坷，12岁时父亲武士彟就病逝了。堂兄弟们见武则天家中孤儿寡母，便对他们多加欺凌。武则天14岁时被唐太宗诏入宫中，封为才人，赐号武媚，但并不得宠。

　　不久，唐太宗病逝，武则天也按照规定，和众多没有子女的嫔妃一起到长安感业寺出家，但她始终与新皇帝唐高宗保持联系。永徽初，高宗李治去感业寺进香，与武则天相遇。二人互诉衷肠，难舍难分。高宗的皇后王氏未能诞下子嗣，逐渐失宠，于是她向李治进言，欲将武则天召回宫中。皇后希望与武则天联手，共同对抗当时最得宠的萧淑妃。隔年，李治守孝期满，正式召武则天进宫。

　　武则天回宫之后，如同蛟龙入海、猛虎回山，很快就击败了萧淑妃和试图控制她的王皇后。33岁时，武则天正式登上了皇后的宝座。高宗李治身体孱弱，经常生病，武则天便趁机插手朝政。李治驾崩，武则天杀李弘，废李贤，册封李显为太子。但最后她又废掉李显，立李旦为帝。690年，她再也按捺不住自己的野心，自称皇帝，改国号为周，成了中国历史上第一位也是最后一位女皇帝。

武则天死后与唐高宗合葬在位于陕西省咸阳市的乾陵。乾陵是唐十八陵之一，也是高宗李治的寝陵所在地。武则天选择葬在乾陵，也就意味着她选择以李治妻子的身份下葬。乾陵的石雕艺术堪称十八陵的顶峰，不仅使用了唐朝时期的雕刻手法，也受到了精致细腻的西方雕塑风格影响。南门之外自北向南的石刻中，有鸵鸟出现；东、南、西、北四门外，还安放着狮子的雕像。

从雕刻手法以及鸵鸟、狮子等动物雕像的出现，我们不难看出，唐朝是个开放的时代，当时中国与世界各国保持着活跃的交流。唐朝人吸收了西方文化的特点，并将其融入雕刻手法之中。

武则天的墓碑高7.5米，宽2.1米，厚1.5米。墓碑上并没有留下任何文字，后人添加的文字也随着岁月流逝而风化斑驳，难以读懂。武则天留下了一面无字碑，背后的原因究竟是什么，无数历史学者至今争执不休。

有人认为，武则天执政初期，滥用酷吏，社会上告密成风，众多无辜百姓和官员遭到酷吏毒手。武则天自知罪孽深重，并无功劳道德可记，干脆就立下了一面无字碑。

还有人认为，武则天觉得自己在位时打击豪门，奖励农桑，发展科举，是一位成功的皇帝。自己的功绩数

▲ 乾陵无字碑

不胜数，这样一面小小的碑石根本记录不完。

既然武则天立下了无字碑，功过任凭后人言说，那么即使武则天本人知道了以上两种说法，相信她也不过是淡然一笑，不予置评。

第九辑

神医历法

神医扁鹊

中国古代的神医中，扁鹊是其中较为出名的一个。

相传战国时期，晋国掌管军政大权的大夫赵简子某日突然患病，昏迷不起。恰好此时，扁鹊正在晋国行医，赵简子的家臣便将他请到了府中，为赵简子诊治。

扁鹊告诉众人，赵简子得了一种名为血脉症的病，这种病主要由过度疲劳引起，从前秦穆公也得过这种病。扁鹊还保证，过不了三天，赵简子就会自己醒过来，而且醒来后会说出一些稀奇古怪的事情，这都很正常，不必担忧。

果然，两天半之后，赵简子就自己醒过来了，还绘声绘色地向众人描述了奇奇怪怪的场景，症状与扁鹊所言完全一致。后来，赵简子得知了前因后果，为了表达感激之情，便将扁鹊经常采药的古蓬山一带四万亩土地都赏赐给了他。

从这个故事中就能看出，扁鹊医术之高明，实在令人叹为观止。

在真实的历史上，扁鹊原本姓秦，名越人，渤海郡郑（今河北省任丘北）人；一说为今山东济南市长清区一带人。少年时拜入民间老医生长桑君门下，承袭了长桑君的所有医术，最终成为当时的一代名医。因为他行医时总能药到病除，医术就和传说中的神医扁鹊一样高超，所以人们就将秦越人称作"扁鹊"。

扁鹊在诊病时，其实已经具备了现代中医的全面诊断技术，即望、闻、问、切。所谓"望"，主要是观察外形和舌苔；"闻"主要是听病人说话以及呼吸时的声音；"问"即询问具体病情；"切"便是通过把脉诊病。

扁鹊擅长的医疗方法非常多，包括针刺、贴、手术、服药等。他一生共传授了九名弟子，其高明的医术直至今天也仍然在卫生保健事业中发挥着巨大作用。只可惜，后来扁鹊被秦国太医令李醯所妒，不幸遭人杀害。

浑天仪与地动仪

　　张衡是东汉时期著名的科学家，他主要天文著作有《灵宪》和《浑天仪注》。此外，他在历法领域也颇有研究，而且还是一位机械技术大师、大文豪和大画家。无论是在科技领域还是文化领域，张衡都称得上是成绩斐然。

　　张衡最有名的两项发明分别为浑天仪和候风地动仪。

　　张衡发明浑天仪主要是为了证明自己的学说——"浑天说"。浑天仪由一个表面布满星座、直径四尺多的中空铜球组成，铜球上刻有二十八宿和中外星官，张衡主要利用它来演示天体运行时的

◀ 浑天仪

"浑象"。

在地震学领域，张衡也颇有造诣，地动仪就是他震古烁今的一大发明。

地动仪，又称候风地动仪，问世于阳嘉元年（132）。它是全世界第一台观测和报告地震的仪器。

地动仪看上去很像一个卵形的酒樽，直径八尺，为精铜所铸。地动仪外侧铸有"山龟鸟兽"，这象征着地上的"证据"。仪器外侧附着八条龙，分别朝向八个不同的方向。每条龙下面都有一只蟾蜍，在龙首之下张开大嘴。仪体内部放置一根又高又细的铜柱，叫作"都柱"，都柱旁边共有八组滑道，滑道通过杠杆与八个龙头相连，龙口中则含有铜珠。每当地震发生的时候，倾斜的都柱就会朝地震方向的滑道倒去，从而推动杠杆，铜球便从龙口掉入下面的蟾蜍口中。这样，司仪之人就能根据铜球落下的方位判断震情，地震发生之后第一时间组织营救。

据史书记载，张衡所制造的地动仪，不仅可以测出人体感知得到的近距离地震，有时甚至还能检测出千里之外发生的地震呢！

▶ 候风地动仪

华佗与"五禽戏"

据说神医华佗编了一套能够帮助人们强身健体的"广播体操"，对体内的气血和骨骼筋肉都大有裨益。这套"广播体操"，其实是从虎、鹿、熊、猿、鸟五禽的日常活动姿态中得到灵感从而创造出来的，故而得名"五禽戏"。

相传早在4000多年之前，就已经有人通过模仿鸟兽动作来治病健身了。西汉马王堆三号墓就曾出土了一批画有图谱的帛画，上面所画的人体姿势很显然都是对于动物形态姿势的模仿。后来，华佗通过总结前人的经验，编出了更具实用性的五禽戏。

华佗曾对他的弟子吴普说过这样一段话："多运动就不会积食，血脉流通就不会生病。所以，古代的仙人们创造了一种名为'导引'的健身方法。其实我自己也想出了一个强身健体的法子，称作'五禽戏'。一曰虎、二曰鹿、三曰熊、四曰猿、五曰鸟。多练习'五禽戏'，能够消除疾病，身体轻便，食欲大振。如果一直坚持练习，就算到了90余岁，也依旧耳目聪明，齿牙完坚。"

后人从华佗的五禽戏中受到启发，又创编出了各种流派的五禽戏。

练习五禽戏，需要全身放松，情绪保持轻松乐观，然后将呼吸调整匀称，有意识地用腹部进行呼吸。练习动作时一定要形象生动，要如虎之威猛、熊之沉稳、鹿之温驯、猿之轻灵、鹤之轻翔舒展。

▲ 五禽戏雕塑

沾"火"就着的"药"

火药是中国古代的四大发明之一。那么，你是否知道，"火药"这个名称究竟从何而来？

火药特别易燃，一着火就会引起强烈的爆炸。因此，人们把"火"与它联系在一起，这是完全可以理解的。那人们又为什么称呼它为"药"呢？其实，黑色的火药中含有三种成分——硫黄、硝石和木炭。

硫黄其实也是一种矿物，出产于四川、甘肃一带；木炭则是生活中常见的东西，被人们用于日常取暖。

硫黄和硝石都是可以治病的药，而它们按照一定比例与木炭混合之后，便成为易燃易爆之物，故而人们将这三种东西的混合物称为"火药"，意思是"着火的药"，或者"发光的药"。

◀ 硫黄矿物

三垣二十八宿

在神怪小说中，二十八宿被称为"星君"。此外，在古代中国，常常会听到二十八宿中的某宿"下凡历劫"之类的说法，可见，二十八宿在民间的影响力还是相当大的。那么究竟什么是二十八宿呢？

在中国古代，为了观测星辰和天象的变化，人们将天上的恒星几个一组地划分出来，并给每组取一个特定的名称，这样的一组恒星组合就叫作"星宫"。每个星宫所包含的星星数目都不同，有的只有一个，有的则多达数十个。

在众多的星宫之中，有31个星宫占据了非常重要的地位，也就是所谓的"三垣二十八宿"。等到了唐朝时期，"三垣二十八宿"已经发展成了中国古代的星空划分体系。

所谓"三垣"，指的是紫微垣、太微垣和天市垣。其中，紫微垣相当于拱极星区，包括了北天附近的所有天区；太微垣包括室女、后发、狮子等星座的一部分；天市垣则只有蛇夫、武仙、巨蛇、天鹰等星座的一部分。

最初的时候，古人为比较日、月、金、木、水、火、土等恒星的运动，这才选择了28个星宫来作为观测的标记，也就是二十八宿的由来。到了唐代之后，二十八宿成了28个天区的主体，命名依旧不变。

作为天区，二十八宿的主要职能，是划分星宫的归属。二十八宿包括：

东方七宿：角、亢、氐、房、心、尾、箕。
北方七宿：斗、牛、女、虚、危、室、壁。
西方七宿：奎、娄、胃、昴、毕、觜、参。
南方七宿：井、鬼、柳、星、张、翼、轸。

除此之外，还有一些与它们关系密切的星宫，如坟墓、离宫、附耳、伐、钺、积尸、右辖、左辖、长沙、神宫等分别附属于房、危、室、毕、参、井、鬼、轸、尾等宿内，称为"辅宫"或"辅座"。如果连同辅宫或者辅座，唐代的二十八宿总共就包括了183颗星星。

在道教的教义中，二十八宿星官都有各自的姓名、职能和身份。比如角星神的原名是宾远生，经常穿一身绿玄单衣；亢星神叫作扶司马，马头赤身，常穿一身赤缇单衣，随身带着剑等。

对于古人来说，二十八宿是他们观测天文的基础，古代印度和阿拉伯也有二十八星宿。它们的星宿组成和各宿距星与中国的二十八宿只有部分相同，至于起首的星宿则与中国不同。学术界通常认为，阿拉伯的二十八宿系由印度传去，中国与印度的二十八宿系为共源。中国二十八宿星象体系的初成，有不晚于6000年前的物证，作为原始的星象背景，则可推到万年以前。

天干地支的发明

中国古代的历法分为"天干"与"地支"。其中，"天干"包括甲、乙、丙、丁、戊、己、庚、辛、壬、癸；"地支"包括子、丑、寅、卯、辰、巳、午、未、申、酉、戌、亥。两者相配纪日，最早见于商代甲骨文，其后历代沿用，并发展为纪月、纪年、纪时。因天干与地支相配，组成甲子、乙丑、丙寅……至癸亥，共60组，周而复始。

甲子是干支之首，又称"甲子"纪日，通称"六十花甲子"。为中国古代历法之重要发明。

干支纪日法，此法创于何时，尚难确指。古史记载，黄帝命大挠作甲子，此说并无资信。但已确认，从春秋鲁隐公三年（前720）二月己巳日起，至清宣统三年（1911）止共2600多年中没有间断和错乱过。1972年，山东临沂出土的汉武帝七年历谱竹简，在30根竹简上标1至30的数字，这是每月内各日的序号，每根竹简下面还写着各个月中这天的干支日名，类似当今月份牌。而以后发现的历谱都记有月内各日的次序数字。

干支纪月法。古代先有地支纪月法，古六历的《夏历》就以寅月为正月；《殷历》以丑月为正月；《周历》则以子月为正月。这些分别称建子、建丑之月，等等，亦即"月建"。地支纪月法，如再配上天干，组成六十甲子，从甲子月开始到癸亥月结束，以五年为一周（闰月同上月干支），周而复始就成为干支纪月法。据记载，汉代已应用此法。

干支纪年法，从甲子开始到癸亥结束，以60年为一周期。中国至迟从西汉时代即已开始使用。

干支纪时法，《汉书·艺文志》中有"甲夜"名称，魏晋将一夜分为甲夜、乙夜、丙夜、丁夜、戊夜五段。此制度最晚起源于春秋战国时代。与此同时或稍早，把一天分为12时辰，以十二地支表示。至唐代又将每个时辰分为初、正两部分，与后来清初从西方引进的24小时计时法相似。一时辰为两小时；"小时"即来源于此。每天12时辰的地支是固定的，再配以十天干，就成干支纪辰，即干支纪时法。